Peter Schnell

Auf meiner Tippelei

AF571632

Peter Schnell

Auf meiner Tippelei

oder Herr Schufti geht auf Reisen

Verlag Lebensreise

Impressum / Imprint
Bibliografische Information der Deutschen Nationalbibliothek: Die Deutsche Nationalbibliothek verzeichnet diese Publikation in der Deutschen Nationalbibliografie; detaillierte bibliografische Daten sind im Internet über http://dnb.d-nb.de abrufbar.
Alle in diesem Buch genannten Marken und Produktnamen unterliegen warenzeichen-, marken- oder patentrechtlichem Schutz bzw. sind Warenzeichen oder eingetragene Warenzeichen der jeweiligen Inhaber. Die Wiedergabe von Marken, Produktnamen, Gebrauchsnamen, Handelsnamen, Warenbezeichnungen u.s.w. in diesem Werk berechtigt auch ohne besondere Kennzeichnung nicht zu der Annahme, dass solche Namen im Sinne der Warenzeichen- und Markenschutzgesetzgebung als frei zu betrachten wären und daher von jedermann benutzt werden dürften.

Bibliographic information published by the Deutsche Nationalbibliothek: The Deutsche Nationalbibliothek lists this publication in the Deutsche Nationalbibliografie; detailed bibliographic data are available in the Internet at http://dnb.d-nb.de.
Any brand names and product names mentioned in this book are subject to trademark, brand or patent protection and are trademarks or registered trademarks of their respective holders. The use of brand names, product names, common names, trade names, product descriptions etc. even without a particular marking in this works is in no way to be construed to mean that such names may be regarded as unrestricted in respect of trademark and brand protection legislation and could thus be used by anyone.

Coverbild / Cover image: www.ingimage.com

Verlag / Publisher:
Verlag Lebensreise
ist ein Imprint der / is a trademark of
OmniScriptum GmbH & Co. KG
Heinrich-Böcking-Str. 6-8, 66121 Saarbrücken, Deutschland / Germany
Email: info@verlag-lebensreise.de

Herstellung: siehe letzte Seite /
Printed at: see last page
ISBN: 978-3-639-64789-1

Copyright © 2013 OmniScriptum GmbH & Co. KG
Alle Rechte vorbehalten. / All rights reserved. Saarbrücken 2013

Inhalt

Poetischer Reisebericht über meinen Weg in die Rente von Gunzenhausen (Altmühsee) nach Hiddensee

"NOCH
Ich will aber nicht weise,/Ich will lebendig sein.
Ich bin noch auf der Reise/Und *Schopenhauerein*
Werde ich später treiben./Noch nehme ich mir Zeit
Zu sehen und zu schreiben,/Zu gehen und zu bleiben,
zu leben lang und breit."
Eva Strittmatter
(aus: Eva Strittmatter „Sämtliche Gedichte" Aufbau-Verlag, Berlin 2006)

Prolog

Es hatte ihn kalt erwischt. Mitnichten hatte Herr Schufti damit gerechnet, wenige Jahre vor dem Erreichen der Altersgrenze in den Ruhestand zu gehen. Nun stand er vor dem Sprechzimmer des Amtsarztes und überlegte, was er da gerade gehört hatte. „Aus gesundheitlichen Gründen schreibe ich Sie dauerhaft dienstunfähig, schicke Sie in Pension!" hatte der ihm wohlmeinend erläutert. „NEINEINEIN!" war seine erschreckte Reaktion gewesen, war es doch seine erklärte Absicht bis zum Erreichen der Altersgrenze seinen Beruf auszuüben. Doch schon vor der Tür dachte er sich „Bist Du eigentlich blöd? Nimm das als Geschenk an und genieße dein Leben, so lange Du es noch kannst!" Als er sich in den vergangenen Jahren in Gedanken damit beschäftigte, was er denn tun wolle, wenn es eines Tages einmal so weit sein würde in Rente zu gehen, war ihm sofort klar gewesen:
Er wollte nicht von einem Tag auf den anderen vom Arbeitsleben in die Rente driften. Heute noch auf Arbeit - und am nächsten Tag dann in Rente? So nicht - Nein, danke! Sein alter noch ungelebter Traum stieg in ihm hoch. Als Herr Schufti kurz darauf mit seiner Liebesgefährtin am Küchentisch saß, ihr von seiner Idee erzählte, der Welt sinnierte, der näher rückenden Rente ins Auge sah, meinte er zu ihr: "Jetzt könnte ich ja meinen alten Traum verwirklichen, jetzt wo die Rente naht, so direkt vor mir steht, einfach loswandern, einige Monate alleine unterwegs sein, einfach nur gehen, den Wind spüren. So habe ich mir den Beginn meiner Rente immer erträumt!"
Herrn Schuftis Frau sah das Leuchten in seinen Augen, sah die aufkeimende Freude und meinte: "Geh los, mach es. Nichts aufschieben! Mach es jetzt -ich gönne es dir von Herzen!"
Dies zum Ziel gesetzt, machte er sich nach einem langen Berufsleben in ein neues spannendes Kapitel seines ganz persönlichen Lebensbuches auf - denn: sich einen Lebenstraum erfüllen heißt für ihn, die Karten werden neu gemischt! Und nicht: Die Würfel sind gefallen!
Weder wollte er zu Beginn seiner Rente in die Karibik düsen oder sich sonstwo in exotischen Gefilden des Erdballs tummeln. Die Geschwindigkeit, mit der er sich fortbewegen wollte, sollte ihm entsprechen, er wollte bestimmen, wie schnell, wie langsam. Und gleichwohl sein Familienname Schnell ist, war ihm die langsame Art zu reisen in den letzten Jahrzehnten zugewachsen. So wollte er in seine Rente hineinlaufen, zu Fuß seine Heimat erkunden, Land, Leute und Kultur besser kennenlernen, sich auf einer längeren Wanderung überlegen, wie er sich sein Leben nach der Arbeit vorstellte.
Für kurze Zeit liebäugelte er mit dem Gedanken, die letzten 600 km des Jakobsweges bis Santiago de Compostella zu laufen. Doch schon bald verwarf er diese Idee, denn weder wollte er einfach "nur eben mal weg sein", zum andern fühlte er sich nicht als Pilger auf der Suche nach Erleuchtung. Denn Erleuchtung könne ihm überall zu teil werden! Außerdem schreckten

Herrn Schufti Massenwege schon immer ab, denn er wollte sich seinen ganz eigenen Weg suchen und war sich sicher, ihn auch zu finden!
Warum denn Hiddensee?

Im Sommer 2012 hatte ihn seine Eva zum ersten Mal nach Hiddensee gelockt und Herr Schufti war begeistert. Zwei Wochen auf dieser Insel, den salzigen Duft von Wiesengräsern in der Nase, die Stille genießend, die man auf Hiddensee hören kann. Die freundlichen, sehr offenen Menschen. Die Insel, die weiß wer sie ist und was sie hat. Die weiß, was sie nicht will und sich trutzig bewahrt: Pure Natur, Sanddorn en masse, heimelige Reethäuser, kleine und große Geheimnisse, Luft, die Lunge und Seele bläht, sie runderneuert. Das Geklapper von Pferdehufen, Fahrradblech, kein Lärmen von Autos, keine Abgaskloaken. Sand und Meer, Sonne auf der Haut und im Herzen, nackte Haut im Strandkorb, im Sand, am Meer, kein falsches Schämen. Stolz und Würde – eben Hiddensee!

Sein Gepäck:

Neben den üblichen Utensilien, die es für eine derartige Wanderung braucht, hatte Herr Schufti eine kleine literarische Lesung im Gepäck (ca. 60-70min), die er gerne vortragen wollte. Sei es in Kneipen, Buchhandlungen, Büchereien, Kleinkunstbühnen, in U-Bahn-Schächten, Schlachthäusern, auf Straßenfesten, auf Plätzen, im Wohnzimmer, im privaten Kreis. So sein Plan! So kündigte er die Lesung auf seiner Internetseite www.auf-meiner-tippelei.de an:

„….Nirgends meine Heimat heißt

Vergessene Dichterinnen und Dichter – eine Lesung

Auf den Spuren einer deutschsprachigen „Lyrik der Straße" des 20. Jahrhunderts mit Texten von Jakob Haringer, Theodor Kramer, Mascha Kaleko, Jesse Thoor, Walter Mehring, Erich Mühsam

Die Autorinnen und Autoren, ihre Gedichte, ihre Bücher von denen ich reden will, sind nahezu vergessen und dürfen doch nicht vergessen werden. In den zeitlos schönen Texten dieser SprachkünstlerInnen fand ich immer ein Menschenbild, dem ich mich verbunden wie verpflichtet fühle. Eine große Zahl von in der Zeit der Weimarer Republik anerkannten, ausgezeichneten und vielgelesenen Dichtern fiel dem brachialen Wüten der fanatischen nationalsozialistischen Kulturbanausen zum Opfer, konnte dem Zugriff der Mörder gerade noch entkommen oder wurde ermordet. Es kann und darf nicht sein, dass fast 70 Jahre nach dem Ende der Nazi-Diktatur diese Stimmen endgültig verstummen. Ich will einen kleinen Beitrag dazu leisten, diesen großartigen Dichtern wieder Gehör zu verschaffen, wissend, dass dies nur ein winziger Tropfen auf einem sehr heißen Stein ist. Doch gibt es keinen Grund dies nicht zu tun. Ich bin kein Germanist, kein gelernter Schauspieler, Rezitator, sondern einfach ein Literaturfreund, der diesen Autorinnen und Autoren wieder Gehör verschaffen will."

Fast ein ganzes Jahr ging vorüber, Herr Schufti hatte geplant, geträumt, Ideen entwickelt, verworfen, neue gesponnen. Und dann war es soweit - Herr Schufti ging los, hinaus in die Welt! Er hatte nicht vor irgendeinen Rekord zu brechen, sondern wollte in aller Ruhe täglich durchschnittlich 20km zurück legen, pro Woche in etwa 100km, ca. ein bis zwei Tage Pause pro Woche. Er wollte sich umschauen, sehen, wo er gerade war, sich Zeit nehmen für Landschaft, Menschen und Kultur.

Es geht los - und der Himmel weint

Es ist der 13. Mai 2013, Montagmorgen 8 Uhr: Den Rucksack geschultert und dann heißt es Abschied nehmen von den lieben Menschen, die ich zurücklasse: Eva und Judith sind da! Der Himmel weint Tränen und vermischt sich mit den unsrigen. So dreh ich mich um, der 18 kg schwere Rucksack tut das seinige und ich tapse durch den Regen, taumle, weil ich plötzlich um so viele Kilos schwerer bin. An vertrauten Wegen entlang, durch verträumte, nahezu menschenleere Ortschaften trotte ich meines Wegs. Es ist nicht leicht loszugehen, Vertrautes, Geliebtes und geliebte Menschen zurückzulassen. Was vorher eine Idee war, gerinnt jetzt zur Wirklichkeit.

Gottlob Haag, der Nestor der fränkischen Lyrik, schrieb einmal "Abschied nehmen ist wie leises Sterben". Nun ganz so sehe ich es nicht, denn ich kehre ja wieder, doch ein Abschied für ca. 10 Wochen ist es. Noch niemals in meinem Leben war ich 10 Wochen allein auf mich gestellt, bin ich mit dem, was man im Alltag benötigt, auf dem Rücken unterwegs gewesen. Ich freue mich auf das, was vor mir liegt - doch nicht nur der schwere Rucksack drückt mich.

Es ist furchtbar: der Regen schäumt, der Regen prasselt, der Regen nässt mir Haut, Haare und Herz. Und der Himmel weint seine Tränen! Will mir zeigen, dass der 13. Tag des Wonnemonats kein leichter sein muss, singt mir aber auch seine Lieder, die über der Landschaft liegen, die mich wiegen, meinen Schritt begleiten. Mich fröstelt, sehne mich nach einer Tasse heißen, schwarzen Kaffees. In Enderndorf am Brombachsee lässt mich ein Kiosk hoffen, doch ich meine, er wiegt döst noch im Winterschlaf. Doch da huscht eine junge Frau durch den Gastraum und als sich die Türe öffnen lässt, meint sie auf meine Frage "Haben Sie geöffnet?" nur ganz lakonisch: "Gerade habe ich aufgesperrt, ich meinte, dass jemand mir zurief, dass einer kommt." Ich grummle vor mich hin, hole mir die ersehnte Tasse Kaffee und setze mich in den menschenleeren Raum: Da - plötzlich! Sie sitzt da, starrt zu mir herüber. Sie sitzt vor der Fensterfront im Freien auf einem Baumstumpf, ganz in Weiß gekleidet mit schulterlangen grauen Haaren und obwohl es in Strömen regnet, scheint über ihr die Sonne, ist sie in Licht gehüllt. "Di Drud vo der Aldmühl!". Mir stockt der Atem! Meine Oma hatte mich als Kind in die Sphären der Druden eingeführt, mich gelehrt, acht- und sorgsam mit ihnen umzugehen, auf sie zu hören.

Als Kind flößte sie mir Furcht ein, doch je älter ich wurde, umso weniger Furcht hatte ich vor ihr. Respekt und Achtung allemal. Immer hatte sie mich mit ihren tiefblauen Augen ernsthaft angeschaut, manchmal die Nase gerümpft, auch schon mal den Kopf geschüttelt.

Doch dieses Mal: Sie blinzelt und lächelt mir anerkennend zu! Als ich einen Schluck des heißen Kaffees schlürfe und wieder aufsehe, ist sie weg - als wäre sie nie da gewesen. Habe ich sie mir etwa nur eingebildet, war sie eine Fata Morgana des Regens, der Nässe? Wer weiß? Frohen Muts und mit Rückenwind gehe ich meinen Weg weiter.

"We are all Cellophanis!"

Wie die Autos an mir vorbeirauschen, wie Entfernungen schrumpfen. Was im Alltag, mit Auto oder Fahrrad ein kurzer Abstecher, ein kurzer Ausflug ist, ist zu Fuß ein langer Weg. Wir haben in unserem Alltag die Dimensionen für Entfernungen völlig verloren. Ein Tagesmarsch von 20 - 30 km dauert ca. 5 Stunden und die Füße schmerzen des Abends. Ich denke, dass die menschliche Art der Fortbewegung das Gehen ist. Schon auf dem Fahrrad sitze ich erhöht, bin ich nicht mehr in der Welt, sondern betrachte sie etwas von oben. Beim Autofahren schauen wir durch ein Fenster in die Welt, die Landschaften rasen wie auf einem Bildschirm vorüber. Keine Zeit dem Raunen der Gräser zu lauschen, dem Tirilieren der Vögel, dem Summen einer Biene. Welch schöne Musik ist doch der Gesang der Blätter im Wind! Ich bin froh, dass ich mir diese Zeit nehmen kann, die Welt zu Fuß mir anzueignen. Keine Fenster lassen mich auf die Welt schauen. Ob mit der Bahn oder gar im Flugzeug ist der Mensch ein anderer. Immer war mir mehr als mulmig zu Mute, wenn ich die wenigen Male in meinem Leben mich des Flugzeugs bediente. Der Mensch ist und bleibt ein Erdentier. Nur mit den Füßen auf dem Boden fühlen wir uns sicher, sind wir bei uns. Nur so sind wir, wie wir sind.

Selbst im zwischenmenschlichen Umgang sind wir nur selten bei uns, wir zeigen nur eine Fassade, spiegeln anderen etwas vor, zeigen uns andere ein glänzendes Gesicht. Irgendjemand sagte mal: "Eigentlich bin ich ganz anders. Ich komm nur so selten dazu!" Das trifft wohl die gesellschaftliche Entwicklung sehr gut! Wir sehen und zeigen, was wir sehen sollen bzw. zeigen wollen. We are all Cellophanis! Als wären wir in glänzendes Cellophanpapier gehüllt zeigen wir uns der Welt, verpacken wir uns, um gut anzukommen bei unseren Mitmenschen, Vorgesetzten, Kollegen, Freunden, zufälligen Bekannten. Wir sind glitzerndes Cellophanpapier in den Straßen und Gassen!

Herr Schufti zu Gast

Als Herr Schufti am Spätnachmittag seines ersten Wandertages, wie ein taumelnder Kreisel, durchnässt, durchfroren an der Haustür seiner geschätzten Kollegin Lisa läutete, wurde ihm Einlass gewährt.

Sie kennen sich seit vielen Jahren und es war keine Frage für sie, ihm Quartier zu gewähren. Lisa lebt Gastfreundschaft, es ist nichts Aufgesetztes daran, sondern sie muss es vielleicht mit der Muttermilch eingesogen haben oder ihre Gene sind so ausgestattet. Als Schufti nach einer warmen Dusche, einem kleinen Nickerchen, in frischen Klamotten bei ihr in der Küche saß, ihr zuschaute, wie sie Radieschen zerschnitt, eine große Schüssel frischen Salats zubereitete, das Steinpilzrisotto in der Pfanne köstlichste Düfte verbreitete, konnten sie sich in aller Ruhe unterhalten, aus ihrer beider Leben erzählen. Der Gurkensalat, zerschnipselt in der Schüssel, harrte auf den "Meister aller Gurkensalate": Lisas Lebensgefährten Jo. Als er dann nach Hause kam, sich des Salats annahm, Lisa den Tisch gedeckt hatte, der wunderbare Rotwein "Rote Wonne" aus der Weigel`schen Weinhandlung in den Gläsern sich wiegte, war Herr Schufti wieder ganz der Alte. Er freute sich seines Lebens und machte sich am nächsten Morgen wieder auf den Weg. DANKE, LISA!

Von der Freundlichkeit der Welt

Was ist das für ein Gehen, für ein Schweben am Rhein-Main-Donau-Kanal, seines fränkischen Teils, entlang. Die Sonne scheint, die Vögel stehen in der Luft, betrachten diesen seltsamen Kauz, der da den Weg entlang tippelt. Selbst die Blasen an den Füßen sind gut gelaunt, schweigen stumm, lassen mich unbekümmert weiter ziehen, weil sie gewiss sind, dass des Abends ihre Anwesenheit wesentlich mehr Aufmerksamkeit meinerseits erhält als jetzt, wo sie nur störende Unfriede sind.
Radfahrer im modischen Outfit, Jogger kreisen am Weg entlang, wünschen einen guten Morgen. Dieser Weg erscheint auf Dauer ziemlich eintönig, da er kerzengerade wie mit einem Lineal durchzogen die Landschaft zerschneidet. Doch ficht mich das beim Gehen nicht an. Es hat etwas Meditatives an sich, die Schritte verselbständigen sich, werden nicht mehr bewusst gesetzt, sondern kommen einfach ihrem Daseinszweck nach. Der Kopf sucht nicht nach der Fortsetzung des Weges, denn er sieht die Linie. Es ist ein auf dem Strich gehen. So sind die Gedanken anfänglich noch beim Laufen, doch von Minute zu Minute wird der Kopf frei, das Laufen ist Laufen, zweckfrei, kein Sinn der mich drängt. Was mich angesichts der begradigten Landschaft beschäftigt ist, wie unsere Kinder und Enkel dies alles einmal sehen werden, an was sie sich erinnern werden? Wird ihre Erinnerung begradigt sein, werden sie geradlinig verlaufende Flüsse für natürliche Erscheinungsformen halten? Ein kalter Laufthauch weht durch mich hindurch.
Ein sportlicher Geher, der seine Mittagspause zum Trainieren nützt, überholt mich und fragt angesichts meines prallen Rucksacks, wohin der Weg denn gehe. Als ich ihm mein Ziel nenne, wünscht er mir viel Glück und Erfolg und verlässt die Piste im Stechschritt.
Ein Ehepaar, das gemütlich während der Mittagspause am Kanal entlang spaziert, wünscht mir ein fröhliches "Mahlzeit!". Hätte ich bessere Ohren würde ich um diese Tageszeit wohl einen riesigen gemischten Chor hören können, der durch die fränkischen Städte und Dörfer, durch Betriebe und Kantinen, durchs ganze Land um diese Zeit dröhnt: der „Mahlzeit“-Chor, dass dem Guinness-Buch der Rekorde ob seiner stimmlichen Gewalt und Prägnanz und seiner Kraft die Seiten verbrennen würden.
Dem netten Ehepaar meine Gedanken verheimlichend wünsche ich eine erholsame Mittagszeit und ihre Frage, wohin mein Weg mich führt, beantworte ich gleich freundlich. Da bleiben sie stehen, schauen mich von oben bis unten an und meinen bewundernd: "Allen Respekt, das ist ja großartig, hoffentlich haben sie allzeit gutes Wetter und treffen sympathische Menschen, die ihnen freundlich gesonnen sind!"
Beschwingt über so viel Freundlichkeit trotte ich weiter und mir kommt das Brecht`sche Gedicht "Von der Freundlichkeit der Welt" in den Sinn. Das brauchen wir doch alle so sehr: ein freundliches Wort, ein Lächeln im Vorübergehen, eine wärmende Hand. Wir erbrechen uns doch an diesen Kaltmenschen mit ihren Augen aus Eis und schwarzem Schnee, mit ihren Gesichtern aus Stein. Wir geraten immer mehr aus dem, was menschliches Leben auszeichnet

und ausmacht. Wir haben genug von einer Fernsehunterhaltung, die uns mit Sprachkot und Staubwasser füttert. In einer solchen Welt hört das Wasser auf zu fließen, weigert sich an solchem Frühlingstag der Nebel am späten Vormittag noch zu verschwinden und nach und nach die Sonne einzulassen. Wer weiß, ob die sich überhaupt noch zeigen mag?

Das Wort "Heimat" werden wir irgendwann aus unserem Sprachschatz tilgen müssen, denn alles ist zur billigen Beliebigkeit verkommen. Das Besondere einer Region, einer Landschaft, von Menschen wird es nicht mehr geben, dieses gewisse Etwas, diesen Stallgeruch von schön erzählten Märchen aus Pferdedung und Kuhmist.

Herr Schufti und die Metropolregion

Als Herr Schufti sich des Abends in Nürnberg mit seinem Bruder Dieter in die nahe gelegene Gartenwirtschaft aufmachte, zum legendären Rundgang durch das magische Dreieck der Gostenhofener Gastronomie (als da sind die drei P: Palmengarten - Palais Schaumburg - Planungskneipe) trugen die Füße zwar nicht mehr so recht, doch der Himmel war wohlgesonnen. Mit Ernst Schultz und Harry Trepte traf er Bekannte, die "halbe Wundertüte" war da und er genoss den Abend in einem lauschigen Biergarten, nicht ahnend was dieser Abend ihm noch an unliebsamer Überraschung bieten sollte.

Die "Wundertüte" ist eine großartige Band mit exzellenten Musikern (Ernst Schultz, Holger Stamm, Inge und Harry Trepte) deren Musik nicht nur Hirn und Herz erfreut, sondern in die Beine springt und selbst Herrn Schufti einst schon zum Tanzen verleitet hatte.

Nach zwei Schoppen fränkischen Silvaners wollte Herr Schufti den aufkommenden Hunger besänftigen und fragte den Ober: "Hobbds ihr a Zwiggde?" (für Nichtfranken: Habt ihr eine Gezwickte? Das ist eine Bratwurst in einem Semmel). Die Zwiggde ist eine fränkische Spezialität, die würzigen fränkischen Bratwürste suchen ja bekanntlich weltweit ihresgleichen und die Franken sind stolz auf ihre Bratwürste. Doch - Herrn Schufti stockte der Atem - er war wie vor den Kopf geschlagen, als hätte ihm Muhammad Ali einen seiner bekannten Hämmer an die Kinnpartie gehauen, denn der Ober fragte ohne rot zu werden, ohne einen Hauch von wie auch immer gearteter Scham: "Woos issn dess?" (Was ist denn das?). Der fränkischen Wirtshauswelt stockte der Atem.

Seit langen Jahren war Herr Schufti ein engagierter Verfechter regionaler, qualitativ hochwertiger Erzeugnisse - und nun, da selbst im hintersten Dorf der fränkischen Pampa die Qualität fränkischer Schmankerl zum Selbstbewusstsein ganz Mittel-, Ober- und Unterfrankens beiträgt, eine derartige Antwort, eine unglaubliche Ignoranz, eine Bankrotterklärung mühsam aufgebauten fränkischen Selbstwertgefühls und das auch noch mitten im Zentrum der sich weltmännisch-großstädtisch gebenden Frankenmetropole Nürnberg. Herrn Schufti blieb der Mund offen stehen, nicht nur vor Hunger, sondern vor allem vor Entsetzen!!

Sofort fiel Herrn Schufti ein beklagenswertes Beispiel der ebensolchen Art ein. Eine fränkische Breze ist seit urdenklichen Zeiten, eine mit feinem Salz bestreute eigene fränkische Art der bekannten Brezel. Doch seit Jahren wird selbst in fränkischen Backstuben nur noch ein verschwindend kleiner Bruchteil der Brezen mit Feinsalz bestäubt. Der Großteil der Brezen wird mit grobkörnigem Salz ans Volk verkauft und alle nehmen das scheinbar so klaglos hin. Wie oft stand Herr Schufti schon frühmorgens in der Bäckerei und musste hören wie ihm die Verkäuferin bedauernd zuraunte: "Die sinn heid scho goor." (Die haben wir heute nicht mehr im Angebot).

Dabei kommen diese von Herrn Schufti ungeliebten grobkörnigen um nicht zu sagen grobschlächtigen Brezen doch aus Oberbayern und sind dabei, die wenigen ursprünglichen

Schmankerl fränkischer Provinienz bald ganz zu verdrängen. Für Herrn Schufti nur mehr ein weiteres Indiz der "Bayuwarisierung Frankens".

Die grindende Zeit

Den Rhein-Main-Donau-Kanal entlang mit tobenden Lichtern, der Himmel zeigt sich im blaugrauen Dunst, der Schnee ist endlich geschmolzen und das blasige Grün am Ufersaum ziert den Horizont. Ich suche den Weg durch schüttere Wälder nach Möhrendorf, meine schweißige Haut kühlt sich am glasigen Schaum durstiger Fische, die ab und an neben mir auftauchen als wollten sie sich vergewissern, ob ihnen dieser singende Wanderer nicht doch noch ins Netz gehen könnte. Eine willkommene Beute wäre er schon! Doch dann finde ich den Weg!

Petra, eine erst wieder in den letzten Monaten urplötzlich aufgetauchte Freundin aus vergangenen Tagen, bot mir spontan Quartier an, räumt ihr Wohnzimmer für eine Lesung der besonderen Art - eine familiäre Lesung mit ihren FreundInnen. Ein stimmungsvoller Abend entwickelt sich, wir unterhalten uns über die Gedichte, die AutorInnen. Als Mascha Kalekos Zeile fällt: „Schön war die Fremde, doch Ersatz. Mein Heimweh hieß Savignyplatz.“ da kommt ein sehnsuchtsvoller Seufzer aus einem Munde: „Oh Berlin!!“ Prompte Nachfrage: „Bist du etwa auch aus Berlin?“ „Was du auch?“

Berliner Wiedervereinigung in Petras Möhrendorfer Wohnzimmer! Ein für mich lauschiger Abend befreit die Dichtung vom Staub ihrer Jahre.

Petras gelassene, warmherzige und rührende Gastfreundschaft bestärkt mich in der Gewissheit, dass der Weg durchs Leben, durch Schichten schmerzender Zeit führt, hin zu den Ufern des Himmels. Dort ist der Himmel voller Schatzkisten aus Unrat und Schweiß gelebter Jahre, durch Sandbänke gewateter Strömungen, die du durchweintest und -lachtest. Eine Übung für nassgespritzte Haut voll klebrigen Sirups.

Wie gut, dass der Himmel meinem Herzen sein Alphabet buchstabieren lernte.

Eine offene, liebevolle Zeit mit guten Gedanken an die Unvollkommenheit von uns Menschen, ein schöner Gesang gegen das Nichts.

Come all you dreamers

Über Forchheim, die alte, ehrwürdige Kaiserstadt treibt mich mein Weg, Tümpeln ausweichend, in Mooskörben schwimmend wie einst Moses, Wasser in den Augen, auf der Haut; ich komme mir vor wie ein verlorener Sonnenaufgang im zerschrammten Himmel. Der Kanal voller Sehnsucht nach Sünde schleppt sich durch die Stunden, den Tag, Tango Argentino tanzend, um der Sinnlichkeit des Lebens nicht zu entgehen. Dann plötzlich segeln fränkische Dörfer aus anderen Zeiten herbei, Landschaftsreste auf schlammigen Zungen tragend, den nicht vorhandenen Sommer missend, der von trunkenen Tagen und Nächten weint, im nahenden Regen lacht mir die Drud vo der Aldmühl ins ungläubige Gesicht. „Woss willn di etz scho widder?“ (Was will die jetzt schon wieder?)

Kurz vor dem unsäglichen Gewitter fängt mich Elisabeth mit dem Fahrrad ein, lotst mich in ihr Reich, das sie mit Bernhard teilt!

Erfüllte Leben auf unterschiedlichen, doch ähnlichen Wegen öffnen sich im Gespräch und ein von Menschenfreundlichkeit durchtränktes Wirken in der Welt fern jeglichen Mainstreams nötigt mir große Achtung und Respekt ab. Warum wird solch Leben, solch Wirken nicht viel mehr geachtet? Wo sind denn die Berichterstatter der Medien, die jede Gewalttat über Tage hinweg vor unseren Augen ausbreiten, in unsere Köpfe und Seelen blasen, um dann in

wabernden Sonntagsreden babylonisch-romantisch erklären, dass die Welt so schlecht nun doch nicht sei!
Warum wird nicht berichtet über die 1000 kleinen und schönen Projekte der Träumer und Narren dieser Welt, die Menschenliebe und kleine bengalische Feuer in unserer unmittelbaren Nachbarschaft entzünden und leuchten lassen!
Wie sang Jackson Browne schon in den 80ern so treffend und zeitlos schön in seinem Lied "Before the deluge": "Some of them were dreamers/ and some of them were fools/ who were making plans and thinking of the future......"
Solche Menschen braucht die Welt - Menschen, die sich Gedanken um die Zukunft von uns allen machen, Ideen entwickeln, sie ausprobieren, auch darin scheitern - doch jeder Schritt zurück ist neuer Anfang.
Diese Wichtigtuer und Raffkes der Welt, die Millionen von Menschen um ihr Erspartes gebracht haben und bringen werden, erinnern mich an die wackligen ungetümen Dinosaurier, die hoffentlich bald am schwarzen Rauch ihrer Giftblasen ersticken. Noch niemals in der Geschichte der Menschheit haben jene die Welt im Positiven bewegt, die im traurigen Strom der "das haben wir schon immer so gemacht"-Macher mit schwimmen. Die Klänge einer besseren, schöneren Welt stammen von den Narren, den Träumern - wohl wissend, dass auch in deren Namen viel Leid über die Menschheit gebracht wurde, gibt es keine andere Chance. Ich glaube an das Märchen von der Liebe unter den Menschen, dass es lebt und wächst und gedeiht!

HERR SCHUFTI und der oberfränkische Zauber

Als Herr Schufti eines Abends auf der Suche nach einer Übernachtungsmöglichkeit war, landet er in einem netten kleinen Landgasthof. Er lässt sich an einem freien Tisch nieder, bestellt einen Schoppen Wein und bittet um die Speisekarte, die er unverzüglich erhält.

Herr Schufti kennt ja schon den manchmal etwas herben Charme der Oberfranken. Sein Kollege Werner hatte immer wieder diesen für andere manchmal nicht gleich verständlichen Liebreiz mit einem süffisanten Lächeln versprüht. Herr Schufti studiert die Speisekarte. Die

Bedienung fragt nach Herrn Schuftis Wünschen. Sie - eine hagere Frau mittleren Alters und entweder voller Lebensfreude oder schon leicht angedüdelt. Auf Herrn Schuftis Frage, was denn ein "Bocksbraten" sei, meint sie mit einem spitzbübischen Lächeln im Gesicht: "Du! Dess wisserd ich aa gern. I sollerds wissen, obber i waas es nedd. Bstell dir den doch, dann wiss mer dess alle zwa!", was Herr Schufti auch tat!

(Das wüsste ich auch gerne. Ich sollte es zwar wissen, doch weiß ich es nicht. Bestell dir ihn doch, dann wissen wir es alle beide)

Herrn Schuftis Ausflug in die Klassik

Bevor Herr Schufti Abschied von seinen wunderbaren Gastgebern in Strullendorf nahm, fasst er sich ein Herz und begleitet Elisabeth zu einem Klassikkonzert nach Schloss Seehof, der ehemaligen Sommerresidenz der Würzburger Fürstbischöfe, genauer gesagt in die Orangerie derselben.

Ein prachtvoller, im 18.Jahrhundert von Balthasar Neumann geplanter Bau, ausgeführt von Justus Heinrich Dietzenhofer, eingebunden in eine liebliche Gartenlandschaft. Am Einlass stehen streng dem Anlass und des Tages entsprechend (Pfingstmontag) gekleidete zahlreiche Menschen. Herr Schufti ist gespannt, worauf hat er sich da bloß eingelassen?

Er, der durch Jahrzehnte hindurch fast ausschließlich nur Rock-, Pop-, Folk- und Jazzmusik gelauscht hatte. Erst in den letzten Jahren war er durch Evas einfühlsame und liebevolle Art der klassischen Musik leicht näher gekommen.

Das internationale Frauenorchester BELLA DONNA gibt sich mit ihrem Programm "Das Tier in mir" die Ehre. Nun - der erste Eindruck ist schon ein sehr angenehmer: 6 attraktive Frauen, allesamt mit musikalischen Meriten ausgezeichnete Instrumentalkünstlerinnen zaubern ein furioses, mit witzig-skurillen Texteinlagen garniertes Konzert in die altehrwürdige Anlage der Seehof-Orangerie, dass der Sog der Schwerkraft für die Konzertdauer außer Kraft gesetzt ist, Herrn Schufti die sinnliche Eleganz klassischer Musik sich erschloss.

Am Ende des Konzertes nimmt sich Herr Schufti vor, seine bisherigen Vorbehalte und Vorurteile klassischer Musik gegenüber in wilder Demut los zulassen.

Auf einer Ruhebank in Breitengüßbach

Nach dem Konzert bugsiert mich Elisabeth über die Autobahn hinweg und ich nehm meinen Weg wieder auf. Der Kanal war entschwunden, der oberfränkische Mischwald mit zahlreichen Anstiegen ließ mich schweigende Grüße und Flüche ausstoßen - doch willig trotte ich weiter, fehlerhaften und unzureichenden Wegweisern zum Trotz. Durch ein vermutlich ehemaliges Munitionslager inzwischen zu einem Umweltzentrum einer sehr sinnvollen Nutzung zugeführtem Areal führt mich mein Weg und ich komme in Breitengüßbach an, durchquere eine schmucke Neubausiedlung. Mein Auge sucht eine Ruhebank, die sich mir erst im Altort in den Weg stellt. Ich ruhe aus, trinke genüsslich Wasser aus meiner Feldflasche und träume mich davon.

Plötzlich nahezu unbemerkt sitzt eine Frau neben mir auf der Bank. Etwa 70 Jahre alt, schlank, mit müdem Blick, der vom Leben genug hat, sitzt sie da und erzählt mir unaufgefordert. Anfänglich verstehe ich fast gar nichts, denn sie nuschelt vor sich hin. Was ich zunächst für Ergüsse oberfränkischer Dichtkunst halte, denn sie singt mehr als sie sprich, ist das traurige Lebewohllied an ihren Mann. Mehr als 40 Jahre lang hatten sie miteinander verbracht, nun kann er nicht mehr stehen, sie ihn nicht mehr heben, so dass sie ihn schweren Herzens in ein Pflegeheim geben musste, aus dem sie gerade kommt. Welche Freude hatte ihnen beiden die kleine Landwirtschaft gemacht - doch allein sei ihr die Arbeit zu schwer. Sie wolle, aber könne nicht und ihr einziger Sohn könne, aber wolle nicht. Grußlos steht sie auf, geht davon und ich wünsche ihr eine Schar fröhlicher Paradiesengel in ihre zukünftigen Tage.

Oberfranken on my mind

Die selbst ernannte Genussregion Oberfranken wird diesem hohen Anspruch in vielerlei Hinsicht gerecht. Nachdem ich heute über Breitengüßbach, Zapfendorf, Bad Staffelstein, Lichtenfels und Michelau in Burgkunstadt gelandet bin, wage ich ein derartiges Kompliment. Neben der kulinarischen Vielfalt dieser Region, die auf hohem Niveau klassische fränkische Spezialitäten in nahezu jeder Dorfkneipe kredenzt (man sehe es mir nach, dass ich obwohl besten Willens nicht überall Station machen konnte), erstaunt und erfreut die sanfte Schönheit dieser dem menschlichen Auge wie der Seele Halt gebenden Insel im meeresgrünen Taumel der Landschaft.

Doch der Reihe nach: Durch Bocksbraten trainiert und gestärkt (für Gourmets: der Bocksbraten ist nach Elisabeths Freundin Elisabeth ein Ziegenbock, der ob seiner dominanten Sexualhormone gerne deftig-sauer kredenzt wird), stapfe ich tapfer weiter gen Bad Staffelstein, konsultiere dort einen Arzt, den ich wegen eines möglichen Zeckenbisses aufsuche, genieße dort ein fulminantes, köstliches Frühstück und stolpere gut gelaunt in einen Regenschauer der ganz eigenen Art, der tagsüber vollends anhielt - wo ich wie ein Fisch ohne Boot, ohne Kahn über die Weltmeere fuhr, mir eine saugfähige Maske aus Dünensand in Ganzkörpermanier übergestülpt habe. Meine grüne Kollegin Doris fing mich mit ihrem erfrischenden Lasso aus meiner durchnässten und durchfrorenen Realität am besprochenen Treffpunkt in Lichtenfels ein, fuhr mich flugs nach Hause, damit ich mich voller Hingabe unter die heiße Dusche flüchten konnte. Unser beider Gespräch am Abend kreiste um die Menschlichkeit der Erde, um grüne Politik in Zeiten lebens- wie menschenfeindlicher Politik am Vorabend verlogener Himmelspracht.

Des nächsten Tages Anfang erblickte ich am Rande kalter Polarzonen, die innerlich in mir wüteten, mich von Auferstehung an der Hölle Pforten träumen ließ. Frierend, vor Kälte zitternd, überkam mich nach einigen Kilometern Fußmarsch die sinnvolle Eingebung, mich nach einem Zimmer umzusehen, was in Michelau von Erfolg gekrönt war. Die rührigen, sehr freundlichen Wirtsleute warfen die Heizung an und ich wärmte mich in diesem geschmackvollen Gasthof auf. Ein nachmittäglicher Rundgang durch den überschaubaren Ort führte mich des Abends in die stimmungsvolle, vollbesetzte Gaststube meiner Unterkunft. Ich fand einen Platz und sofort begann eine bunte Unterhaltung, lebendig, voller Frische wie der Duft frisch gemähter Wiesen. Ich hatte das Gefühl, dass diese Wirtschaft das Wohnzimmer des ganzen Ortes sei, denn so viel Lebensfreude war zu spüren, dass selbst der anwesende Leichenbestatter und der am Tisch sitzende Allgemeinarzt geschäftliche Abmachungen zumindest für diesen Abend unterließen.

Kulturoase in Bamberg

Am nächsten Mittag fuhr ich mit dem Zug zurück nach Bamberg, um abends rechtzeitig im Studio 13 zur Lesung zu sein. Ich blickte zum Zugfenster hinaus und die Entfernungen zwischen den Orten, die ich die Tage zuvor tapfer Meter für Meter durchschritten hatte, schrumpften zu minütlichen Farbklecksen.

Im Studio 13 angekommen, präsentierten sich mir große lichtdurchflutete Räume, geschmackvoll möbliert. Angelika Gilg und Andreas Sauer begrüßten mich herzlich und nahmen mir meine doch vorhandene Scheu, was denn da auf mich zukommen werde. So nach und nach tröpfelten dann die ZuhörerInnen ein. Auch Elisabeth, meine Strullendorfer Gastgeberin, kam mit ihrer Namensvetterin Elisabeth, um mir nach diesem Abend freundlicherweise noch einmal Obdach in ihrem Heim zu gewähren.

Besonders berührend war, als mich vor der Lesung eine ältere Dame ansprach und mir erzählte, dass ihr Vater gemeinsam mit Ernst Toller in Festungshaft gesessen sei. Zeitlebens sei Ernst Toller, der sich ja leider in Amerika das Leben nahm, für ihren Vater geschätzter Freund wie Vorbild gewesen, was sich auch darin äußerte, dass ihr Vater seinem Erstgeborenen den Namen Ernst gab.

Nach der Lesung gab es noch einen regen Gedankenaustausch über die Gedichte, die AutorInnen wie auch über mein Wanderprojekt. Wohl selten habe ich mit unbekannten Menschen in solch familiärer, freundschaftlicher Atmosphäre zusammen gesessen, habe ich in solch kurzer Zeit so viel wohlmeinende Herzlichkeit verspürt.

Dies liegt ganz sicher an diesem Ort, dieser Kulturoase, diesem Ort menschlicher, warmherziger Begegnung in einer kälter werdenden, geldgeilen Welt. Lasst uns viele Begegnungsorte dieser Art gründen - die Welt hat sie bitter nötig!

Herrn Schuftis Reise im Fluss oder honi soit qui mal y pense

Schon gestern noch mehr am heutigen Sonntag öffnet der Himmel sämtliche Schleusen derer er mächtig ist - und das sind gar viele.

Als wolle der Wind ihn fort treiben, in eine ganz andere Richtung wehen, sieht sich Herr Schufti genötigt, das Gesetz des Handelns in die eigene Hand zu nehmen, der Altmühldrud vertrauend, die ihm ja so zuversichtlich zugeblinzelt hatte. Wer wenn nicht sie, würde ihm helfen!

War es die wilde Rodach oder "nur" ein Bach, ein anderer Fluss ohne Namen. Die Schuhe ein läppischer Schutz vor Nasse, eher störend denn helfend. Die Gummihaut um Körper und Rucksack wie ein Streifen Papier.

Also - fasste sich Herr Schufti ein Herz und sprang kopfüber hinein in die wilde, braune Brühe, jauchzend mit dem Forellengesang auf den Lippen, die Fluten des Wassers waren ihm Dach überm Kopf so wie die Sterne über der Welt des Nachts tanzen. Die kleinen Fische tanzten um Herrn Schufti, lachten ihm zu. Plötzlich - Herr Schufti traute seinen Augen nicht, kleine, winzige Klabautermännchen um ihn, stupsten ihn mit ihrer Harke ins Gesäß, fragten lachend, ob sie mit Konkurrenz zu rechnen hätten. Bereitwillig erklärten sie ihm, dass sie bei solchen Wettern ihren Freischwimmerschein in trüben Gewässern zu machen hatten, ehe sie dann in die Meere der Welt geschickt werden, um den Ertrunkenen der Welt beizustehen, sie heimzuholen auf tiefblauen Barken in die Untiefen der Meere, wo stolze prächtige Meerjungfrauen ihnen wieder Atem einflößten, bis sie die Gesänge der trommelnden irren Barden verstünden.

Berauscht vom Gefühl des Gleitens, des Auf und Ab eines fließenden Gewässers, das ihn an den Gang dürstender Kamele erinnerte, schlug Herr Schufti die Augen auf und sah sich trockenen Hauptes die Treppenstufen der wilden Rodach mitten in Kronach hinauf stolzieren. Er wischte sich den Staub wie nach einer langen sommerlichen Wanderung von der Haut und freute sich am Ziel seines Tages angekommen zu sein, ohne schmerzende Glieder, lachend ob des erfahrenen, erlebten Wunders.

I'm walking in the rain

So hatte ich mir das Ganze nun wirklich nicht vorgestellt. Ich gönne dem Mai ja seine Regentage, die Natur soll und will wachsen, sprießen und gedeihen. Da hab ich in der Tat nichts dagegen, so soll und muss es sein! Doch diese Dauerschleusenöffnung in himmlischen Sphären, da vergeht doch jedem Normalo die Lust, von Verständnis ganz zu schweigen. Sehnlichst wünscht man sich des Wegs Buschbrände herbei, die zumindest des Wanderers Rücken etwas wärmen. Ich vermute ja stark, der Sommer liegt irgendwo sturztrunken unter einer Bierbank, kübelt reihen - und eimerweise und mag sich nicht aufraffen. Wahrscheinlich träumt er auch davon, endlich mal in Rente zu gehen. Was hätte ich hier gerne geschrieben von sommerlicher Hitze, von der angenehmen Kühle der oberfränkischen Wälder, dem süffigen Bier, den herrlichen, segensreichen Künsten der fränkischen Winzer - und das alles genossen bei deftigen Mahlzeiten in den Bierkellern und –gärten der Region. Na gut, ich gebe ja zu, Essen und Trinken schmeckt auch in geschlossenen Räumen. Doch draußen wäre man dem Ursprung, der Herkunft dieser köstlichen Produkte viel näher, der Genuss wäre viel intensiver. Doch was red bzw. schreib ich in diesem kargen Fremdenzimmer des Gasthofes, in dem ich heute nächtige: Ich geh jetzt einfach ein Stockwerk tiefer in die Schankwirtschaft und lass es mir schmecken. Wohl bekomm's! Und da pfeif, sing und trink ich auf den Regen, auf die Schönheit der Welt und des Lebens!

Von Elfen und Feen

Wie herrlich der Tag doch begann - ein Blick frühmorgens aus dem Fenster in das strahlendblaue Grinskissen des Himmels und mir schwante, dass da irgendetwas auf mich wartete. Ich schob das zur Seite und schalt mich einen Deppen, der sich bloß nicht der Sonne erfreuen könne. So lief ich los, wollte heute quer durch den Wald die 12km nach Sonneberg/Thüringen ganz locker und entspannt zurück legen und Franken einstweilen Ade sagen. Was war das für ein Gefühl ohne diese Regenhaut zu gehen, kein nasses Prasseln im

Gesicht. Die Vögel zwitscherten über mir voller Lebensfreude und Übermut. Ich lief, nein ich flog über und durch die Fluren, das pralle Gelb der Rapsfelder, die wie Teppiche in der Landschaft sich ausbreiteten, genießend. Voller Elan in den Wald hinein, Anhöhen hinauf stürmend. Das Navi auf dem Handy gab die Richtung und Entfernung an. Die Wegmarkierungen von den Touristikern gut gemeint angebracht, irritierten zusehends. Erst erschien ein blauer Wegweiser mit der Nummer 6, dann erschien das Hinweisschild "Burgenweg", dann erhielt ich die Information, dass ich mich auf dem "Grenzweg" befinde, was mir sehr logisch erschien, wollte ich doch aus der alten BRD In die alte DDR wandern. Plötzlich erblickte ich einen Wegweiser mit der grünen 8. Überflüssigerweise ließ mich ein Schild noch wissen, dass ich mich auf dem Rundweg "KC 28" befinde. Das Navi meinte einmal „noch 10km", wenige Minuten später waren es 14km, fluchend um die Ecke gegangen waren es dann plötzlich 8km. So langsam kam mir das alles spanisch oder soll ich sagen merkwürdig vor. Die Wege waren teilweise matschig, vom reichlichen Regen vergangener Tage dermaßen übersättigt, dass ich durch knöcheltiefe Matschepampe waten musste.

Irgendwie meinte ich, dass mir da jemand zuschaut und sich einen ins Fäustchen grinst. Als dann noch ein patschnasser Arbeitshandschuh an einem dürren Ast über mir hing und geradezu höhnisch den Weg wies, war mir alles klar. Diese kleinen widerlichen Waldelfen, die den Wald als ihr Hoheitsgebiet betrachten, wollten nicht, dass sich ein dampfendes Walross, ein Zweibeiner, durch ihr Reich zwängen wollte. Sie hatten mein Navi verhext, das mir an jedem Baum andere Angaben ins Gesicht spie und vor allem dieses Schild "KC 28" mutierte in mir von Ka Cee 28 zu Ko-Cee bzw. zu Ko-Tze 28, wenn nicht gar zu 128. So hielt ich mich an die Wege, die breit ausgebaut und mit frischen Reifenspuren versehen waren, lief und lief ohne Pause zu machen, fluchend wie ein stinkender Kojote, der jahrelang nichts mehr zu essen und zu trinken gefunden hatte. Als dann auch noch der Geopfad zu entdecken war, auf dem man den Spuren der alten Hütten und Bergwerke folgen konnte, war mir klar: „Wenn du diesem Pfad jetzt folgst, dann machen sie dich fertig, dann trommeln sie auf dich ein, diese kleinen miesen Quälgeister des Waldes." Doch die gute Fee, meine Drud von der Altmühl, saß mir auf dem Rücken und flüsterte mir ins Ohr "Lauf zu, immer dem breiten Weg nach, schau nicht nach links und rechts, bleib nicht stehen." Ich folgte ihrem Rat und nach mehr als fünfstündigem Irrweg durch den Wald strandete ich in Stockheim, dort wo ich vor 24 Stunden auch schon gewesen war. Als ich mit mir beratschlagte, was ich tun solle, denn der nächste Tag würde evtl. wieder genau so ablaufen, beschloss ich die wenigen

Kilometer per Anhalter zu fahren. Nach zwei Stunden gab ich auch das entnervt auf. So entschied ich mich für den Zug und nach Sonneberg in Thüringen zu fahren, dem Ziel meines Tages. Doch wie lange man braucht, um mit der Deutschen Bahn von Oberfranken nach Thüringen zu gelangen, nur wenige trennende Kilometer voneinander entfernt - und vor allem ganz ohne Zugverspätung? Das ist eine ganz andere Geschichte, die nicht hierher gehört, die aber auch noch erzählt werden muss!

HERR SCHUFTI TRÄUMT

Als Herr Schufti durch oberfränkischen Wald hechelte, ihm der Zutritt nach Thüringen von wem auch immer verwehrt bzw. nicht gewährt wurde, da fragte er sich nicht zum ersten Male in seinem Leben, wozu es jemals Grenzen gebraucht hatte, wer denn überhaupt Länder braucht. Die Landschaft hört an keiner Landesgrenze einfach auf, verändert nicht urplötzlich ihr Gesicht. Die Flüsse plätschern munter weiter, Fische scheren sich nicht um Grenzen, die Vögel singen ihre Lieder in ihrer universellen Sprache, der Blütenstaub, der sich großzügig verteilt, dem es ist es schnurzegal, ob das jeweilige Land, in dem er sich grad nieder lässt, christlich, mohammedanisch, jüdisch, hinduistisch oder atheistisch ist.
Nur wir Menschen, die selbst ernannte doch unfähige Krone der Schöpfung, wir errichten Grenzwälle, Stacheldrahtzäune, erfinden Gewehre, Maschinenpistolen, Raketen, Bomben, um die eigene Art angeblich vor dem bösen Anderen zu schützen. Der Böse, das ist ja immer der andere, der uns alles wegnehmen will, der anders ist, eine andere Hautfarbe hat, der an einen anderen Gott glaubt - als gäbe es so viele.
Herr Schufti zweifelt schon an einem. So trottet Herr Schufti weiter und singt John Lennons wunderbare Weise so vor sich hin "Imagine the`re no countries, it isn't hard to do, nothing to kill or die for, and no religion too......" Lennon auch einer dieser unverbesserlichen Spinner, Träumer, ohne welche die Menschheit nicht weiterkommt, weil diese kruden Wirrköpfe in den Regierungs- und Wirtschaftspalästen dieser Erde schon längst alles und alle in Schutt und Asche gelegt hätten, gäbe es nicht diese Menschen, die über den Tag hinaus denken, sich selbstständig zu denken und vor allem zu träumen trauen. In der Technik werden solche Denker anerkannt, unterstützt. Man mobilisiert Menschen, horrende Gelder werden locker gemacht und irgendwann stand der erste Mensch auf dem Mond. Ob das nun Sinn machte oder nicht. Eine gigantische technische Leistung war es auf jeden Fall. Im Mittelalter, zu Beginn der Neuzeit wurden solche Denker und Träumer ermordet, hingerichtet.
Wann wird die Menschheit sich ihres Knebels im Maul entledigen, los schreien, ihre Träume in und durch den Äther jagen, sich in den Farben der Erde kleiden, aus dem Boot steigen, das Ufer der Hoffnung erklimmen. Herr Schufti wusste um die Utopie, um die Naivität seines Traums. Doch der Traum gibt die Richtung vor!

Von der Sonne ins Eis

Sonneberg war eine Entdeckung, eine stark durchgrünte Stadt mit wunderschönen Jugendstilhäusern, wie ein bunt gefiederter Vogel voller Reinheit und Kraft, der sich am Thüringer Wald hin streckte. Am nächsten Morgen packte ich meinen Rucksack, schritt voller Elan zwischen atmenden Gärten hin zum Weg, doch wie an einer Nabelschnur hing ich noch an dieser Stadt, die ihrem Namen alle Ehre macht.
Der Himmel machte sich auf, schüttete seine Tränen auf meine Pfade, ließ mich waten, tanzen durch diese filigrane, wie von einem Maler gezeichnete Landschaft, voll zarter Wiesen, grünenden Wäldern, die alle Schattierungen ihrer blühenden Pracht in die Waagschale warfen,

als mussten sie sich für die nächste Arche bewerben. Es ging hügelan, die Hügel hinab, again and again. Kein Weg neben der Straße, ich lief am Straßenrand, blieb stehen, wenn ein Pulk von Autos nahte, doch mit der Zeit glichen meine Schuhe frisch geschnürten Textilbooten, der Schritt quietschte wie bei einer tapsenden Ente, die gerade einen Grünstreifen am Wasserrand überquerte. Um die Mittagszeit machte ich Pause in Schalkau in einer kleinen Wirtschaft am Straßenrand. Von meinem mit einer gelben Regenhülle ummantelten Rucksack troff das Wasser in einer kleinen Lache auf den Fußboden. Ich streifte meine Regenhaut ab und wagte es nicht mich anzulehnen, denn ich war durchgeschwitzt und mich fror. Dieses Gefühl an einer Stuhllehne anzudocken mit nasser durchschwitzter Kleidung, die eiskalt war, muss sehr ähnlich dem Gefühl sein, wenn man einem Alligator die Hand geben will.

Nachdem ich mich gestärkt hatte, machte ich mich auf den Weg Richtung Eisfeld, wo mich mein Kollege Werner von der Straße auf lesen wollte, wie er mir per SMS angekündigt hatte. Wenige Kilometer vor Eisfeld dann hielt er an, ich freute mich ihn zu sehen und genoss die kurze Fahrt im Auto durch strömenden Regen. Wie trocken und warm es in seinem Auto war, wie auf einer Sandbank, die wochenlang in knalliger Sonne sich aufgeladen hatte. Werner stattete seiner oberfränkischen Heimat einen Besuch ab und meinte nur, als ich ihm mitteilte, dass ich bereits in Thüringen sei, dass meine täglichen Entfernungen, die ich zu Fuß zurück lege, mit dem Auto nur Katzensprünge seien. Ich widersprach nicht. Was für eine Freude als er mir auch noch ein Mitbringsel aus der Heimat kredenzte: Geräucherte Bratwürste und Brezen, selbstredend die mit dem feinen Salz.

In Eisfeld lud mich die gute Seele noch zu Kaffee und Kuchen ein, chauffierte mich zu einem Privatquartier, das ich telefonisch gebucht hatte und wo ich die Nacht im Trockenen verbringen konnte. Dann fuhr Werner weiter, wir wünschten uns alles Gute und ich habe mich sehr über das Treffen mit ihm gefreut. Während tags zuvor, Sonneberg seinem Namen alle Ehre machte, stand ihm Eisfeld diesbezüglich in Nichts nach.

ODE an das Wirtshaus

Keine Sorge ein feierliches Gedicht gar in Reimform wird das nicht, eher ein Lob- wie gleichzeitig auch Abgesang auf ein öffentliches Gut, eine private Einrichtung, ein lokales Kommunikationszentrum mit ganz eigener Sprache, oft sehr eigener wie eigenwilliger Diktion, eine aussterbende Spezies.

Während - soweit ich das zu beurteilen vermag - in den 60er wie 70er Jahren die Gastwirtschaften nicht nur Frankens immer mehr von der Bildfläche verschwanden, die Partykeller in den neu erbauten Einfamilienhäusern, die Vereinsheime der örtlichen Sportvereine überhandnahmen, fehlte ganz plötzlich etwas in den Dörfern und Städten, nämlich ein Treffpunkt. Ein Ort, in dem man sich austauschen konnte über die kleinen Sorgen und Nöte des Alltags, wo man sich hitzige Diskussionen liefern konnte über die vermaledeiten Regierungen des eigenen Landes, des Planeten, wo man sich aber auch mit Rat und Tat ohne viel Aufhebens zu machen zur Seite stand, sich gegenseitig aushalf. Und - daran musste ich in den vergangenen Wochen meiner Wanderschaft immer wieder denken, weil ich es immer wieder erfreut zu Kenntnis nahm - es fehlte das Wirtshausgschmarri (das nichtssagende, unfreiwillig humorvolle Wirtshausgespräch verhinderter Chefideologen), das immer wieder so erheiternd ist, dass mir manchmal noch im Schlaf die Tränen aufs Kissen tropfen!

So auch dieser Tage in einem Dorfgasthaus irgendwo auf diesem Planeten, zufällig in Thüringen auf geschnappt.

Das ist ja das Schöne an meiner Situation, ich komm in ein Gasthaus, grüße freundlich, werde anfangs neugierig beäugt und dann nicht mehr wahr genommen. Eigentlich bin ich gar nicht da, so wird geplaudert, politisiert, das Leben erklärt.
Am Tisch nebenan sitzt ein etwa 30jähriger, junger Mann und hat den Schluckauf. Neben ihm ein ca. 60jähriger, ergrauter, leicht alkoholisierter Handwerker, was ich den Schwielen seiner Hände entnehme. Dieser meint zu dem Jüngeren: "Für deinen Schluckauf kenn ich ein ganz sicheres Mittel, da kenn ich mich aus, da kannst du mir vertrauen!" "So, was denn?" die neugierige Frage des Betroffenen.
"Du musst ganz einfach den Atem abhalten, du darfst nicht schnaufen!" "Aha!" Nach einigen Minuten plötzlich wieder ein kräftiges "Hicks!". "Nu, wa iss midd deinem so sicheren Middel, klappt wohl doch nicht?" "Klappt schon – aber du hast ja wieder geschnauft!"
Wie wahr!
Als die Wirtin, eine Mittsechzigerin, dünn, bleiches ausgemergeltes Gesicht in ihrer schlapprigen Jogginghose mit ebensolcher vormals weißer Kapuzenjacke mit der Aufschrift "St. Moritz" aus der Küche sich dazu gesellte, hob der Nachfahre Doktor Eisenbarts zu einem fulminanten Kompliment an: "Da hast du wohl eine neue Jacke an, Wilma?" "Ach was, die hab ich mir seinerzeit zu DM-Zeiten gekauft. Ursprünglich sollte sie 99 DM kosten, da sie wohl aber schon länger am Boden herum lag, bekam ich sie für 9,95 DM, für 9,95DM!"
Ihre Freude war unüberhörbar und ich wunderte mich, warum meine Augen so schlecht sahen, warum mein Blick auf diese Jacke so getrübt war, dass ich das Neuwertige an dieser Jacke nicht mehr erkennen konnte. Still grinste ich in mich hinein und freute mich meines Lebens.
In Zeiten eines Stefan Raab, eines Mario Barth, in Zeiten sinnloser Fernsehbetäubung, entzünde ich ein Leuchtfeuer für die unfreiwillige Schlachtfeldpoesie an den Wirtshaustischen dieser Welt. Eine Ode an das winddurchtränkte Hirn, an die Stammtischpräsidenten der Erde, die bei Vollmond nackt im Licht stehend das Blumenwasser trinken und es für himmlisches, erleuchtendes Manna halten.

Thüringen im Rausch

Meine bis Dienstag eingeplante Ruhepause musste ich um einen Tag verkürzen, da mir ein gründlicher Blick auf die Karte, auf die Entfernungen gezeigt hatte, dass ich auf jeden Fall wieder los musste, wenn ich am 11.06. pünktlich in Halle sein wollte. Zudem will ich nicht aus dem Rhythmus kommen, mir Zeit nehmen, um mich um zu schauen. Von Thüringen bin ich wirklich begeistert. Eine bildschöne Landschaft, voller Wiesen, Hecken und Wälder, von Bächen und Flüssen durchzogen als hätte ein sehr naturverbundener Maler sie in einem Farb- und Formenrausch übers Land geschüttet. Dazwischen heimelige Dörfer mit ihren wie aus Lebkuchen hingezauberten Fachwerkhäusern. Mittendrin immer wieder verfallene Hauser, Reste kleiner Anwesen. Mir gefällt das, weil sie zeigen, wie das Leben so ist. Verwelkendes neben frisch Erbautem, kräftig in die Jahre Gekommenen, nochmal aufgestylt, um die Falten, das Grau zu übertünchen.
Doch die Zeit der nicht enden wollenden Regengüsse ist für Mensch, Tier und Landschaft sehr bedrohlich. Wenn die Wege nicht mehr zu sehen sind, wenn kleine plätschernde Bächlein sich in reißende Ströme verwandeln, die alles unerbittlich mit sich reißen, Menschen ihre Häuser, ihre Ortschaften verlassen müssen, weil sie dort ihres Lebens nicht mehr sicher sind, dann ist das den Betroffenen zunächst mal egal, ob dies Vorboten des Klimawandels sind oder ob wir schon mitten in dieser drastischen Veränderung sind. Für sie stellt sich die Frage, wie sie die nächste Nacht, den nächsten Tag überstehen und woher sie das Geld nehmen sollen, um alles wieder aufzubauen, um die Schäden zu reparieren.

Herr Schufti mittendrin

In den nasskalten Pausen zwischen den Stunden auf glitschiger Straße fühlt sich Herrn Schuftis Haut an wie eine klebrige Muschel, heiß gelaufen in den zerbrochenen Gläsern der Nacht. Die Landschaften segeln an ihm vorbei wie bunte Girlanden, aneinander gereiht, erfundenen Bildern gleich. An der Reling lehnend grüßt Herr Schufti wie Käptn Nemo, transportiert die Wärme hinaus in die Flut des Tages, weil die vom Wasser aufgedunsenen Lippen der Landschaft, die sich im Schaum der rasenden Springfluten verbergen, sich der Wahrnehmung, der Erkenntnis verweigern, nur noch riesigen Gräbern ähneln, die alles verschlingen, was jemals auf einem Kalenderblatt stand.

Als hätte Herakles höchstpersönlich per Knopfdruck die Wasserkaskaden in Gang gesetzt und der Mensch entweder hilflos entsetzt, Hab und Gut untergehen sieht, mitten im Wasserschwall ums Überleben rudert oder gruselnd staunt, weil er der Katastrophe ins Auge blickt, trockenen Fußes wieder nach Hause zurück kehren darf.

Herr Schufti steinigt den Regen, träumt Worte aus sonnigem Licht, getrocknetem Sand, tunkt verschimmeltes Brot in den Staub seiner uferlosen Träume. Eine Landschaft versinkt im Wasser und Herr Schufti wünscht sich die Wärme und die Farben der Sonne herbei.

Erfurt - Sonne am Firmament

Ein wilder, blühender Park ist diese Stadt. Aus Fachwerkgiebeln, Jugendstilfassaden, grünenden Gürteln, glucksenden Bächen, immer eine Ruheinsel im Getümmel der Stadt, einladende Cafés ohne Zahl. In der ersten Freude über blauen Himmel mischte sich Argwohn - ob das nicht nur ein Ablenkungsmanöver der Tourismusbranche Thüringens ist, die uns Wetterhieroglyphen vor die Augen knallt, uns den Horizont mit süßem Sommertüll verklebt.

Natürlich besuchte ich den Dom, hielt Einkehr in der Kunsthalle mit einer Ausstellung über Peter Behrens, trank Kaffee, aß selbst gemachten Kuchen vom Blech, besuchte die Synagogen, die Mikwe. Was mir auffiel waren ungewöhnliche Straßennamen bzw. Gassen, die Namen trugen wie Weißfrauengasse, Zu den Drei Schwarzen Hämmern, Weiße Gasse oder auch Venedig. Erfurt würde bei solchem Wetter jeder südländischen Stadt zur Ehre gereichen. Was nicht nur hier, aber eben auch hier auffiel, waren die freundlichen, humorvollen Menschen. Ist der Thüringer von Geburt und Genen an vielleicht besonders humorvoll, schlitzohrig?

Auch die Restaurantbesitzer scheinen ihren Humor nicht verloren zu haben oder die Geschäfte laufen derart gut, dass sie ihrem Frohsinn freien Lauf lassen. Wie sonst sind folgende Inschriften auf den handgeschriebenen Tafeln vor den Türen der Lokale zu erklären, wie "Manch Koch kocht mit Liebe. Mit Geschmack wäre besser" oder "Ich koche gerne mit Wein. Manchmal gebe ich ihn sogar ins Essen." Vielleicht sind das auch Anspielungen auf die schnöde Konkurrenz oder gar ein zarter, dezenter Hinweis auf die Weinkarte des Hauses, wenn selbst dem Koch der eigene Wein schmeckt?

Und weil die Welt zweifelsfrei ein Dorf ist, treffe ich doch um die Mittagszeit einen Bekannten von zu Hause. Andreas, Spross der legendären Obererlbacher Bus-Dynastie "Boehm-Reisen" weilte mit einer Reisegruppe für einen Tag in Erfurt.

Endlich gelang es mir gestern Abend auch die vielgepriesenen Thüringer Klöße zu kosten (Jan, die sind echt gut – natürlich auch das, was es sdazu gab!). So hoffe ich doch sehr, dass mir meine morgige Wanderung gen Weimar nicht zur Bootsfahrt gerät, mir - und vor allem den Betroffenen - unendliche Wüsten aus Wasser erspart bleiben, die Sonne ihrem Geschäft mit großer Kraft nachkommt, damit ihre Strahlen die Landschaft wärmen, unsere Haut ohne Verkleidung, ohne Schutz auskommt, der nahende Sommer keine Illusion bleibt und den

Menschen jenes Lächeln ins Gesicht zaubert, das dem heutigen Tag seine ganz besondere Würde gab.

Macht Stadtluft frei?

Was war das für ein Morgen! Voller Elan machte ich mich auf den Weg nach Weimar, die Sonne schien, der Weg aus Erfurt zog sich durch unbekannte und in den touristischen Beschreibungen auch ungenannte Stadtquartiere, durch Kleingärtneridyllen, vorbei an Neubausiedlungen. Die Landschaft kleidete sich in grünes Gewand unterschiedlichster Tönungen, Kindergartengruppen zogen singend an mir vorüber, Radfahrer grüßten lauthals - mir schien als hätte die gute Laune heute überall Ausgang.

Die Zeit, die ich in Erfurt verbracht hatte, war durchaus anstrengend gewesen. Mir kam es vor, als wäre das Gehen auf städtischem Terrain anstrengender und mühsamer als das Laufen in der freien Natur. Das Wort des Mittelalters "Stadtluft macht frei!" hatte sich für mich ins Gegenteil verkehrt. Landluft machte Herz und Sinne frei, schickt Frischluftboote in die Lunge.

Es ging durch Ortschaften ohne Namen und je länger der Tag wurde, um so mehr zeigte die Erde ihre unterschiedlichen Farben, stellte dem Wanderer Tretboote aus Licht zur Verfügung, in die er sich wiegte, bis er merkte, dass sie im Schlamm absoffen.

Da sprang ich aus dem nicht vorhandenen Boot und erkannte, dass ich in einer völlig durchweichten, durchnässten Waldpeitsche angekommen war.

Vor mir grenzenloser Matsch ohne Ende, links von mir überflutete Felder unbekannten Getreides, rechts neben mir ein Waldrand, begrenzt durch ein kräftig plätscherndes Bächlein.

„Was machst du, wenn jetzt eine ausgehungerte Wildschweinrotte auf dich zukommt?“, schoss es mir durch den Kopf. „Na, die hätten an dir wenigstens eine ergiebige Mahlzeit“, erwiderte mein Innerstes fatalistisch. So stapfte ich durch meterhohes Gestrüpp in durchweichtem Untergrund, zog die Wanderschuhe von Schritt zu Schritt wie aus dem Schlick im Wattenmeer. Als nach längst einer Stunde kein nahendes Ufer in Sicht war, ich mit dem Gedanken schwanger ging, einfach um zu drehen und mich auf festerem Untergrund gen Weimar vorzuarbeiten, rebellierte mein Körper, meine Beine verweigerten den Dienst, hielten mich ernsthaft an, ob ich denn noch alle meine Sinne beieinander hätte. So stapfte ich weiter und schimpfte innerlich wie ein Rohrspatz, weil ich schon wieder nasse, pitschnasse Füße hatte. Das hatte ich doch so dick!

Als ich entnervt im Rinnsaal der Ackermeere verbluten wollte, mir heroisch schon Nachrufe ins unbekannte Grab sandte, bemerkte ich die Stromleitungen über mir, die mir schon geraume Zeit signalisierten, dass sie ja nicht um ihrer selbst willen hier entlang liefen. Irgendwohin müssen sie ja wohl hin, muss der Strom ja einen Abnehmer finden. Als ich irgendwann auch noch Motorengeräusche vernahm, wusste ich, die zivilisierte Welt hatte mich wieder.

Mit schweren Beinen stapfte ich tapfer Kilometer für Kilometer Weimar entgegen und dachte mir, dass Stadtluft bzw. all das, was ich damit verbinde, nämlich ein Dach über Kopf, eine warme Dusche, ein nicht zu weiches Bett nicht zu verachten ist.

Ein Tag in Weimar

Donnerstag. Gegen 9h mache ich mich auf den Weg, um irgendwo ein Frühstück zu ergattern, denn in meinem am Rande der Altstadt gelegenen Zimmer gab es bei den sehr netten Vermietern kein Frühstück. Weimar noch ganz im Morgentran, unausgeschlafen, missmutig....oder war ich das, weil ich noch keinen Kaffee, nichts zum Beißen bekommen hatte? Im Café, das ich schnell fand, war ich sofort am Puls der Zeit. Lauter wichtige Menschen, deren Blicke, deren Geschäftigkeit, ihr unruhiges Auf-und-Ab-Gehen mit Handy am Ohr, mir ihre Bedeutung für die Existenz der Menschheit auf Anhieb erkennen ließen. Und ich – ich durfte dabei sein - was für ein Glückskind ich doch war, durfte ich doch die gleiche Luft wie sie atmen und war am Puls des Lebens, im Zentrum des Universums.

Die Innenstadt eine Großbaustelle, hier Bagger, dort Gabelstapler, Pflastersteine, die verlegt werden wollten. Dazwischen Reisegruppen aus aller Welt, Schulklassen ohne Ende. "Jetzt wird ihnen wieder die Mär vom Universalgenie Goethe in den Hals gerammt", dachte ich hämisch-böse wie ungerecht.

Die Sonne brach durch die Wolken, ich saß auf einer Bank unter der Laube am Frauenplan, dachte daran, wo ich all die Jahre vorher um diese Zeit zu Gange gewesen war. Die Pfingstferien waren vorüber und meine Kolleginnen und Kollegen waren in der Schule, um die anstrengendsten Wochen des Jahres zu überstehen. Ich konnte es in diesem Augenblick nicht glauben, es war so unwirklich für mich, dass mein Arbeitsleben nunmehr vorüber war. Ich zwickte mich kräftig in die Backe, doch ich träumte nicht; saß da, schwieg (kein Freudenschrei rüttelte Weimars Langschläfer wach), freute mich und genoss es einfach! Es war eine stille, fast überschäumende Freude. Glück nennt man das wohl!

Doch nicht nur Schulklassen, Reisegruppen waren unterwegs - wie konnte ich sie nur übersehen geschweige denn überhören: Rentner, Rentner, ohne Ende Rentner (naja, dachte ich mir, jetzt gibts noch einen mehr!).

Im Park an der Ilm streunende Schulkinder, Jogger, Großeltern mit ihren Enkeln, junge Familien. Der Park, eine idyllische Ruheoase, die noch die offenen Wunden des Unwetters zeigt: entwurzelte Bäume, vom Wasser ausgespülte Baumwurzeln, gesperrte Wege, Wiesen noch vom Wasser durchtränkt. Vor Goethes Gartenhaus nur wenige Menschen. Ich setze mich in den Schatten, rufe meine Ulla an, um ihr zu berichten.

Weimar ist ganz sicher die Kulturhauptstadt klassischer deutscher Dichtung. Doch diese Goethe-Mania, diesen Hype um den angeblich bedeutendsten deutschen Dichter konnte ich noch nie begreifen, selbst hier nicht. Ich konnte den Atem der Klassik nicht riechen, nur der Gestank und Lärm der Baumaschinen zog mir durch die Nase. Vorbei an Goethes und Schillers Wohnhaus, vorbei am Theater, am Denkmal der beiden berühmtesten Einwohner von Weimar, zog es mich in den historischen Friedhof, der sehr beeindruckend war. Die vom Zahn der Zeit mürbe gewordenen Grabsteine, das wilde, hemmungslose Treiben unzähliger Gräser und Pflanzen; eine Vielzahl vom Aussterben bedrohter Pflanzen haben sich hier niedergelassen, blühen und freuen sich ihres Da-Seins. Ein schöner, beruhigender Gedanke auf einem Friedhof!

Herr Schufti trifft Herrn Goethe: "Nein, den Goethe mag ich nicht!"

Als Herr Schufti zum ersten Male von Goethe erfuhr.....naja besser erfahren musste, denn es war ihm kein Bedürfnis.........ging er noch zur Schule. Sein Deutschlehrer erzählte mit verklärtem Blick vom größten Dichter deutscher Sprache und Nation. Seitdem geschah es Herrn Schufti immer wieder, dass Menschen, wenn die Sprache auf den Minister und Geheimrat aus Weimar kam, in Ehrfurcht erstarrten, die Stimme fast weinerlich-demütig ins Flüstern kam. Herr Schufti fragte sich schon in jungen Jahren, was denn an dem komischen Alten so besonders gewesen sei. Er hatte seine "Leiden des jungen W." gelesen, es gefiel ihm, doch dann erstarb Herrn Schuftis Meinung nach die Leidenschaft in des selbsternannten Olympiers Herzen. Doch Herr Schufti weiß auch, dass er kein Kenner Goethes ist. Er mag ihn

vor allem deswegen nicht, weil der Herr Geheimrat ein Opportunist gewesen war, sich mit den Mächtigen gut gestellt, keine Empathie mit den normal Sterblichen gezeigt, Menschen zu seinem eigenen Vorteil nur benutzt und sich eitel stets im Licht gesonnt hatte. Schon zu Lebzeiten hat er an seinem Ruhm für die Nachwelt gefeilt, Briefwechsel mit wichtigen Personen selbst vervollständigt und herausgegeben. Seine Gedichte kreisen nur äußerst selten um das Wohl und Wehe desjenigen, der sein täglich Brot im Schweiß seines Angesichts verdienen musste. Goethes Welt war die des Adels, der feinen Leute, er gefiel sich im vornehmen Parlieren, drehte sich im Kreis um den eigenen Bauchnabel. Herr Schufti bringt seine Abneigung gegen JWvG auf den Punkt: Man sieht es schon an der Art und Weise, wie Goethe gen Italien reiste - der Herr fuhr in der Kutsche bzw. ließ sich chauffieren, während ein Johann Gottfried Seume zu Fuß nach Syrakus ging.
Und wenn sich heutzutage überall dort, wo der Herr Geheimrat einmal übernachtete, er sein geneigtes Haupt hingelegt hatte, möglicherweise ein Buch, einen Tisch oder gar ein Stück Papier berührt hatte, sich öffentlich bestellte Professoren hinstellen und sich nicht schämen, darüber einen Vortrag zu halten, eine Bedeutung hinein interpretieren, wo nichts ist, dann kann Herr Schufti nicht mehr an sich halten, sagt er auch auf die Gefahr hin, als unwissend bezeichnet zu werden, laut und deutlich: " Nein, den Goethe, den mag ich nicht!"

Gen Apolda

Der Tag begann, wie viele solcher sommerlichen Tage beginnen. Mit fröhlichem Vogelgezwitscher vorm Fenster und nach dem morgendlichen Geplänkel schulterte ich meinen Rucksack, packte meine vollgefüllte Feldflasche und los gings. Ich war der Meinung, am frühen Nachmittag in Apolda zu sein. Ja, ich war der festen Überzeugung! Zügig lief ich oberhalb der Ilm entlang, mir war als würde ich mit Flügeln über die Wege schweben. Das änderte sich schlagartig als ich Schloss Tiefurt erreichte. Herrlich gelegen, ein Omnibus stand auf dem Parkplatz, einige ältere Menschen am Stock bzw. mit Rollator flankierten die Wege entlang. Der Duft von frisch gemähtem Gras lag über allem und ich genoss es, während ich tapfer weiter stapfte.
Doch mit einem Schlag war die neue Idylle zu Ende. Das Navi machte grad wieder mal was es wollte. Es zeigte an, dass ich in die richtige Richtung lief, doch 200m später pfiff es mich zurück. Das Ganze wiederholte sich des Öfteren, so dass ich wieder mal unflätige Worte in den Himmel schimpfte. Nach einer knappen Stunde verließ ich mich einfach auf meine Nase und lief weiter, nachdem ich dies grässliche Ding ausgeschaltet hatte. Und siehe da, irgendwann war ich auf dem Weg nach Apolda. Es ging permanent bergan, keine anstrengende Steigung, doch eben immer himmelwärts. War man denn endlich mal oben, wobei dieses Wort mehr als unangemessen ist, dann ging es tatsächlich kurz etwas hinab, doch die nächste langanhaltende Steigung vor der Nase. Eine leichte Prise wehte mir entgegen - natürlich kam sie nicht von hinten wie man sich das in solcher Situation durchaus wünscht. Ich träumte, ich wäre ein Blatt oder ein Fetzen Papier, quer über die Felder dorthin treibend, wohin mein Sehnen des heutigen Tages wollte. Der Rucksack hing schief, die linke Schulter tat weh, ich schalt mich selbst einen Deppen. Denn nur ein Depp, ein Narr tut sich solches an, rennt durch die Pampa an die Ostsee, will nicht wahr haben, dass es doch zumindest Fahrräder gibt, wenn nicht gar Busse, welche die Orte verkehrstechnisch miteinander verbinden. An ein Auto zu denken verbot ich mir selbst. Dieser Zustand dauerte nur so lange, bis mir ein am Weg liegendes Lokal suggerierte, dass jeder Mensch ab und an eine Pause nötig hat. So gönnte ich mir zwei kühle Apfelschorle, das erste leerte ich in einem Zug, was der Kellnerin ein Schmunzeln entlockte.

Als ich im Lokal eine Karte hängen sah, mir meinen bisherigen vom Navi diktierten Weg ansah, meinte ich ausrasten zu müssen. Ich war statt in direkter Linie zu laufen, ein Dreieck gelaufen. Es lebe die Technik!
Irgendwann erreichte ich Apolda und der Weg in die Stadtmitte zum Rathaus, wo sich die Zimmervermittlung befand, nahm und nahm kein Ende.
Am Wegesrand stand ein Mütterchen. Ich fragte, ob es denn noch ein langer Weg zum Rathaus sei, was sie bejahte. "Warum nehmen Sie denn nicht den Bus, so wie ich?", fragte sie mich und nach kurzem Nachdenken gab ich ihr Recht. Wir setzten uns ins Wartehäuschen und sie fragte mich nach allen Regeln der Kunst aus. Noch nicht richtig in den Bus eingestiegen, wussten bereits alle Mitfahrenden, dass ich zu Fuß zur Ostsee unterwegs sei und zum Rathaus wolle, um nach einem Zimmer zu fragen. Daraufhin entbrannte im Bus eine heftige Diskussion, wo ich denn am besten aussteigen solle, um zum Rathaus zu gelangen, denn durch die aktuellen Bauarbeiten sei das nicht ganz einfach. Die Diskussion unter den Einheimischen nahm erst dann ein Ende, als ein schwitzender, korpulenter Mann sich in den Gang des Busses stellte, sich jegliche weitere Einmischung mit der Aussage verbat: „Schluss jetzt! Ich steig mit ihm aus und bring ihn zum Rathaus!"
Gesagt - getan. Binnen weniger Minuten war ich im Rathaus, bedankte mich bei meinem Lotsen, in Gedanken bei der ganzen Busbesatzung, die sich so rührend um mich gekümmert hatte und ich fand ein ordentliches Zimmer, in dem ich jetzt sitze und über Fluch und Segen der Technik sinniere, in der Gewissheit, dass der Mensch ohne die helfenden Hände von Mitmenschen wie eine erfrorene Erdbeere im Weltall herum irren wurde.

Auf der Straße

Wenn der Regen derart niederprasselt, wie er das in den zurück liegenden Wochen tat, wenn die Sonne scheint - immer bist du den Wetterverhältnissen frontal ausgesetzt. Da geht es mir wie so vielen Arbeitnehmern für die das täglich Brot ist. Ob Landwirt, Straßenbauer, Zimmermann, Dachdecker. Immer wieder stellte ich mir vor, wie das für jene Menschen wohl ist, die auf der Straße leben, leben müssen, denn freiwillig tut sich das meines Erachtens niemand an. Ich gehöre nicht zu den Menschen, die meinen "Jeder ist sein Glückes Schmied!"
Manchen Menschen wurde der Amboss, das Feuer samt dem Hammer schon in die Wiege gelegt, da lässt es sich gut Schmied werden und sein. Andere hatten Pech, ihnen spielte das Leben übel mit. Wer heute auf der Straße lebt, der ist dort nicht freiwillig unterwegs, der versucht sein Bestes, um zu überleben. Wer so leben muss, dachte ich so oft, wo geht der hin bei solchen Unwettern, wo bettet er sich des Nachts, mit nichts in der Tasche, was den Mitmenschen lieb und teuer ist. Ohne Moos ist halt nichts los. Ich habe es da leicht, kann mir ein Zimmer nehmen, mich heiß duschen, gut essen und trinken. Doch was macht der, der nichts hat?
Angesichts der gesellschaftlichen Zustände befürchte ich, dass die Zahl jener Menschen zunehmen wird. Wir müssen neue Umgangsformen entwickeln, eine neue Sprache finden, eine Sprache, die alle verstehen, die allen Träumen gerecht wird, eine Sprache des Humanen, wo Existenzängsten die Zunge abgeschnitten wird, der blutige Schaum der Not endgültig im Rinnstein vertrocknet. Die Sonnenaufgänge, das lodernde Licht im sich auflösenden Nebel, das Menschen Mut macht, ihnen Hoffnung und Zuversicht gibt, steht allen zu. Alle müssen so viel davon ab kriegen, dass sie ein menschenwürdiges Leben führen können. Den wenigen steht das viele nicht zu, das sie haben. "Rosen und Champagner für alle", war mein politisches Credo schon in den70ern. Das gilt noch immer!

Herr Schufti ärgert sich.........doch dann....

Schon als er in Apolda angekommen war, hatte Herr Schufti immer wieder Schmerzen im linken Knöchel verspürt, doch nichts weiter darauf gegeben. Er war sich gewiss am nächsten Morgen würde das alles wieder weg sein.

Doch am nächsten Morgen, die Nacht war auch nicht schmerzfrei verlaufen, offenbarte sich der Schlamassel, der Knöchel war dunkelrot angeschwollen und das Auftreten tat weh.

Mit allem hatte Herr Schufti gerechnet, doch damit nun wirklich nicht. So humpelte er in die nächste Apotheke, holte sich fachmännischen Rat und entsprechende Salbe. An ein Weitergehen war nicht zu denken, der Fuß bestand auf Ruhe, Herr Schufti ärgerte sich zwar, doch er sah es ein, obwohl es ihm schwer fiel. Des Nachmittags ging es dem Fuß schon etwas besser, so dass Herr Schufti in das nahe gelegene Kunsthaus Apolda humpelte, wo eine Ausstellung über Zirkuswelten gezeigt wurde, die Herrn Schuftis Entzücken hervor rief, weil er mit solch tollen Bildern nicht gerechnet hatte. Die Provinz ist eben doch immer wieder für Überraschungen gut und künstlerisches Niveau gibt es auch fern der Metropolen. Danach schlich sich Herr Schufti aber wieder nach Hause, denn der Fuß......

Des Abends zog es Herrn Schufti auf den Markt, die gute Stube Apoldas, heute mit Tischen und Stühlen gepflastert. Rings herum diverse Essens- und Getränkestände und als Krönung an der Stirnseite des Platzes eine große Bühne.

Dort spielte eine "Kauntri-Bänd" (Originaljargon Hartmut). Ja Hartmut, so hieß Herrn Schuftis Tischnachbar, der sich zusammen mit Ehefrau und Freundinnen zu ihm gesellt hatte. Hartmut führte Herrn Schufti flugs in die Geschichte Apoldas ein, die nichts -wie Herr Schufti süffisant Hartmut fragend-mit Apoll, dem griechischen Gott zu tun hatte, sondern mit dem Apfel (Appel da), da es in und um Apolda sehr viele Äpfel gab und gibt. Ob jetzt der biblische Apfel aus Apolda kam, konnte mir selbst Hartmut, ein profunder Kenner der Geschichte seiner Heimat, nicht beantworten. Dafür erfuhr ich gewissermaßen aus erster Hand, dass die Heimat, der Ursprung der thüringischen Rostbratwurst Apolda sei, ich gewissermaßen im Herzen eben dieser Bratwurst sitze, die mit Kümmel gewürzt zu sein habe, aber unter keinen Umständen mit Majoran. Das wäre ein Sakrileg. Hartmut suchte dann mit seinem Harem ein weiteres abendliches Großereignis Apoldas auf. Auf der Promenade fand nämlich eine Art Kirchweih statt, mit den berühmten Hochseilartisten, den Geschwistern Weisheit. Die kenne man ja sicherlich selbst in Franken, was Herr Schufti aber nicht bestätigen konnte, da er kein Anhänger von Artistik ist, selbst wenn sie von Weisheit dargeboten wird. Herr Schufti und Hartmut verabschiedeten sich in aller Freundschaft voneinander und flugs saßen neue Gesprächspartner an seiner Seite, zwei sehr freundliche junge Damen. Die eine der beiden (Herr Schufti wäre nie darauf gekommen) übte doch tatsächlich den Beruf der Bestatterin aus, ganz sicher angesichts der demographischen Entwicklung ein Beruf mit Zukunft. Als die Geschwister Weisheit auch diese netten Frauen riefen, lauschte Herr Schufti der tollen Rock- und Bluesmusik einer einheimischen Band, probierte den Silvaner aus dem vor der Haustür liegenden Anbaugebiet Saale-Unstrut, was sich als Glückstreffer erwies, denn dieser Weißwein schmeckt so, wie die Menschen dort wohl sind: lecker, trocken, fein, gerade heraus, ohne Umschweife, dem Gaumen sehr zugetan. Auch die "Wickelklöß mit Petersiliensoße", auch die „tote Großmutter“ waren für Herrn Schufti kulinarisches Neuland, dem er sich nicht verschloss.

So machte er sich dann nach einem schönen, erquicklichen Abend auf den Weg in seine Herberge und hatte doch tatsächlich den ganzen Abend lang nicht an seinen schmerzenden Knöchel gedacht. Apolda sei Dank! Herr Schufti nahm sich vor, wenn er wieder zu Hause ist, seinen Hausarzt zu fragen, ob es Apolda nicht auf Rezept gäbe.

Der Naumburger Dom

Als ich mich am Morgen auf den Weg machte, tapfer die noch vorhandenen Schmerzen ignorierend, obwohl sie geringer waren als am Freitagabend/ Samstagmorgen, drehte ich doch nach ca. 3km um und ging zum Bahnhof in Apolda. Ein stures Weiterlaufen wäre mehr als dumm gewesen, hätte das Ganze wohl nur verschlimmert. Ich entschied mich bis nach Merseburg zu fahren, in Naumburg die Fahrt zu unterbrechen, weil ich mir unbedingt den Naumburger Dom ansehen wollte. Von Merseburg nach Halle ist es dann nicht mehr weit und ich hoffe, dass sich mein Knöchel dann wieder so weit beruhigt hat. Naumburg zeigte sich in sonntäglicher Ruhe, ja Verschlafenheit und ich genoss diese Ruhe, als hätte man der Stadt einen Knebel verpasst, die Lippen mit einem Klebeband verschlossen. Durch die Gassen strömte ich wie in einem Boot stehend dem Dome zu, der schon aus einiger Entfernung würdevoll sich über den Häusern erhebt, niederdrückt, niederschmettert, was sich da lebensfroh ins Bild schleichen möchte. Wie viele Träume hat dieser Bau da zertrümmert, erschlagen, wie viele Träume in den bitteren Glanz der Verzweiflung getaucht? Der zeitlos gültige Vers aus Bertolt Brechts "Fragen eines lesenden Arbeiters" kam mir in den Sinn. Wer fragt heute nach den Bauleuten, den Maurern, Steinmetzen, den Handwerkern jener Tage bzw. hat irgendjemand jemals nach ihnen gefragt? Mit diesen Gedanken im Hinterkopf betrat ich den Dom, bezahlte ordentlich meinen Eintritt und fragte mich, ob 6,50 € nicht zu viel Geld als Eintritt in die christliche Gotteswelt sei. Doch was für ein Gebäude! Es ist ein Gesamtkunstwerk par excellence, einfach phantastisch, voller kleiner liebevoller, künstlerischer Details. Ich war bass erstaunt. Schon immer habe ich mir gerne Kirchen angeschaut, wenn ich irgendwo unterwegs war.

Ich bin kein gläubiger Mensch, gehöre seit meinen evangelischen Tagen keiner Glaubensgemeinschaft mehr an,. Doch Kirchen haben mich immer angezogen. Sie sind ein Ort der Stille, der Ruhe in einer lauten, hektischen Welt, bieten Schutz und Halt. Wenn du aus der geschäftigen, lärmenden Welt die Kirchentür hinter dir zumachst, dann trittst aus der Welt hinaus. Du setzt dich in eine Kirchenbank, hörst dem Raunen der Stille zu, wirst innerlich ruhig und lässt die Gerüche, die Architektur auf dich wirken. Dann gehst du ruhig und gelassen geworden durch die Kirche, setzt dich an einer anderen Stelle wieder hin, kommst zu dir. Und du steigst wie in einen singenden Wind ein und fliegst davon: Über Wälder und Wiesen, durch die Savanne, tauchst mit den Fischen auf den Meeresgrund, siehst ihr harmonisches Gleiten in diesem doch so schweren Element, siehst das Glitzern der Welt - und all das in einem kalten, steinernen Gemäuer. Doch der Naumburger Dom ist anders, ganz anders. Du entdeckst immer wieder schöne künstlerische Details mit unendlicher Liebe hergestellt, neue Räume öffnen sich plötzlich als wären sie aus versunkenen Meerestiefen ans Licht geschleudert worden.

Die dargestellten Figuren christlicher Mystik, weltlicher Macht zeigen Gesichter die mir etwas sagen, weil sie menschliche Gefühlszustände so lebensecht zeigen, als würden diese Gestalten vor mir stehen.

Schmerz, Hunger, List, Wut, Liebe, Entzücken, Argwohn, Hass - der große schwarze Vogel der Abgründe schwebt durchs Kirchenschiff, die singende Schar der Engel stimmt ihre Hymne an bis hinter den Horizont. Aus dem Dickicht der Steine stolpere ich hinaus ins Tageslicht, schöpfe mein Boot leer und kämpfe mich durch Heuschreckenplagen aus dem Nichts aufgetauchter Dombesucher zum Bahnhof.

Singend der Nacht entgegen

Die kurze Zugfahrt nach Merseburg zeigte mir, welches Ausmaß das Hochwasser hatte, ohne schon unmittelbar in den Notstandsgebieten zu sein. Schrecklich, was es da zu sehen gab. Das Wasser ist eine Naturgewalt, die es in sich hat, die alles mit sich reißt. Eine Landschaft umgerissener Bäume, strudelnder Wasser, treibender Büsche, Kähne, die führer- und herrenlos umher treiben. Merseburg drohte mir mit schwarzen Wolken, die meine Laune nicht besserten.

Relativ zügig fand ich eine Bleibe, bei einer deutsch-russischen Familie, die sich mit ihrer kleinen Pension ein kleines Zubrot verdient. In dem Zimmer, das mein Heim für eine Nacht sein sollte, schien die Zeit stehen geblieben zu sein.

Düster die Beleuchtung, düster die Einrichtung, die wohl noch aus den 50/60er Jahren stammte. Sauber und gepflegt, doch einfach nicht mein Fall. Ich fühlte mich nicht wohl und die Nacht wollte nicht vergehen, der Schlaf nicht kommen. Des Morgens verabschiedete ich mich von der Vermieterin, deren slawische Seele so gut zum Zimmer passte. Mit Wehmut in der Stimme, Schwermut in den Augen, gepaart mit großer Menschenfreundlichkeit wünschte sie mir eine gute Weiterreise und sich selbst, dass sie auch mal Zeit finden würde, um so lange für sich sein zu können, zu sich finden zu können. Dann ging ich langsam und zuversichtlich weiter Richtung Halle, der Knöchel verhielt sich anständig, beim Auftreten noch leichte Schmerzen und so zog ich meiner Wege. Ein angenehmer Fußweg entlang der Hauptstraße führte nach Halle. Je näher ich Halle kam, Brücken überquerte, die über die Saale, die weiße Elster führten, umso mehr Wasser und Not. Abgesperrte Straßen und Wege, ausgespülte, tiefe Löcher im Asphalt.

Der Weg vom Ortsschild in das Stadtzentrum von Halle dauerte ca. 1,5 Stunden und ich dachte schon, ich käme gar nicht mehr an. Dann endlich angekommen, gönnte ich mir erst mal einen Kaffee und ein Stück Käsekuchen. Mir erschien Halle auf den ersten Blick, auf dem Weg ins Zentrum als ziemlich langweilig. Doch das änderte sich sehr schnell als ich die Stadtmitte erreichte. Eine architektonisch sehr abwechslungsreiche Stadt mit vielen renovierten Gebäuden aus der Zeit des Klassizismus und Jugendstils. Der Dom, die Marienkirche, die nach den immer noch frischen Eindrücken vom Naumburger Dom mich natürlich nicht vom Hocker rissen. Das Händelhaus und der Graseweg, ein historischer Ort der schlimmen Sorte. Dieser Weg wurde im Mittelalter während der Pest hinter den Pestkranken zugemauert und als man Jahre später die Mauern wieder einriss, war der Weg mit Gras überwachsen und die Skelette lagen haufenweise herum. Ich wusste nicht, wie ich das finden sollte: menschlich grausam oder einfach der Not gehorchend? Gegen Abend traf ich dann bei meinen Gastgebern ein: Sebastian und Gerit Kranich, die mich mit einer Herzlichkeit bei sich aufnahmen, als wären wir schon seit Jahren befreundet. Im Laufe des Abends trafen dann noch Freunde von ihnen ein und wir verbrachten einen lauschigen, stimmungsvollen Abend auf dem Balkon bei Wein und Musik, denn Sigi, einer der Freunde, erwies sich als virtuoser Gitarrist und Sänger, der zudem ein charmanter Erzähler ist. Irgendwann übernahm dann die Müdigkeit das Regiment und wir gingen schlafen. Ein erfüllter, schöner Tag mit sehr unterschiedlichen Facetten neigte sich dem Ende zu.

Onkel Willi aus Halle

Herr Schufti hatte einst einen Onkel Willi. Eigentlich war es nicht sein Onkel, sondern der Bruder seines Großvaters mütterlicherseits, von allen nur Onkel Willi genannt. Er war wohl in den 20er Jahren nach Halle gekommen, hatte dort seine spätere Frau, Tante Frieda, kennen-

und lieben gelernt, und war in Halle geblieben. In den 50er Jahren war er einige Male wieder in seiner Heimat gewesen und dann im Laufe der Zeit auf Grund der offiziellen Politik erst wieder als Rentner in den 70/80er Jahren. Die letzten Jahre vor seinem Tode konnte er aus gesundheitlichen Gründen nicht mehr kommen. Herr Schufti mochte Onkel Willi sehr, denn er war ein stets freundlicher, gut gelaunter, ja schlitzohriger Mann, der immer noch neugierig auf das Leben war und sich auch für die Ansichten von uns damals jungen Leuten interessierte. Er erzählte Herrn Schufti von seinen nächtlichen Eskapaden, wenn er frühmorgens mit dem Schlager der damaligen Zeit "Lila ist Mode, Lila ist modern" auf den Lippen pfeifend durch die Gassen nach Hause zog und die ganze Nachbarschaft wusste, Willi war wieder mal um die Häuser gezogen, hatte vermutlich irgendeinem Mädel den Kopf verdreht. Doch Onkel Willi machte sich nichts aus dem Gerede der Nachbarschaft, er ging seine ganz eigenen Wege.

In Halle war er am Theater als Schneider beschäftigt und ab und an übernahm er kleine Statistenrollen, die seiner Neigung in andere Rollen zu schlüpfen entgegen kam. Wüste Geschichten erzählte er allzu neugierigen, unbedarften Verwandten, in denen er sich als Hauptdarsteller in westdeutschen Winnetou-Filmen outete, obwohl alle Welt sich an einem Finger abzählen konnte, dass das nie und nimmer der Wahrheit entsprechen könne. So war Onkel Willi ein begnadeter Erzähler, dessen Geschichten nicht unbedingt wahr, aber schön waren.

Als Herr Schufti so durch die Straßen und Gassen Halles schlenderte, da wünschte er sich des Öfteren Onkel Willi herbei, er hätte ihn gerne gefragt, wie er sein Halle heute sehe, was sich verändert hatte seit seiner Zeit. Eines wusste Herr Schufti ganz sicher, dass die Wiedervereinigung, die Möglichkeit von Halle nach Gunzenhausen ohne große Genehmigungen und bürokratischen Hemmnisse zu gelangen, Onkel Willis begeisterte Zustimmung gefunden hätte. So ganz sicher auch die Tatsache, dass Halle eine lebendige, bunte Stadt geworden war, denn Onkel Willi hatte sich immer über die graue, triste Atmosphäre der Stadt beklagt. Herr Schufti sah zum Himmel hinauf und irgendwo im blauen Himmel über Halle winkte Onkel Willi Herrn Schufti zu, blinzelte ihm zu und zog ein fröhlich Lied pfeifend weiter.

Mojos Blues-Bar

Nach dem gemeinsamen Frühstück am Morgen bot sich Gerit an, mir die Innenstadt Halles zu zeigen bzw. einige Sehenswürdigkeiten, die mein Interesse finden. So zogen wir los zum Campo Santo, einem Renaissance-Friedhof herrlich inmitten der Stadt gelegen. Ich mag diese ewigen Friedhöfe. Doch der hier hat seinen ganz besonderen Reiz. Wir bewunderten die Handwerker bei ihren Restaurierungsarbeiten an den Familiengrabstätten, die den Friedhof einschließen. Für solche Arbeiten fehlte mir einfach die Geduld, vom handwerklichen Geschick und Können ganz zu schweigen. Danach marschierten wir zu den Franckeschen Stiftungen und besichtigten die Naturaliensammlung, 1698 wurde die Kunst- und Naturalienkammer für den Realienunterricht an Franckes Schulen angelegt und zeigt heute mit rund 3000 Naturalien, Kuriositäten und Artefakten die Welt aus einer vergessenen Perspektive.

Am Abend war schon seit längerem eine Lesung mit meinem Programm ausgemacht. Sebastian und ich machten uns auf den Weg, um Gerit von ihrem Arbeitsplatz in der Musikschule Robert Franz abzuholen. So kamen wir an einigen Häusern vorbei, wo immer noch die Wasserpumpen liefen, um die Wohnungen, die Häuser leer zu pumpen, wo die ganze Wohnungseinrichtung am Straßenrand stand, aufgequollen und wohl nicht mehr zu gebrauchen und die erschöpften Menschen Zigaretten rauchend hilflos erschöpft da standen.

Danach marschierten wir schnurstracks zu Mojos Blues-Bar mitten in der Hallensischen Innenstadt gelegen. Mojos Blues-Bar ist eine Kunst-Wohlfühl-Kneipe wie ich sie mir immer gewünscht hatte. Während meines Studiums und auch danach träumte ich eine Zeit lang davon eine Gastwirtschaft mit Kleinkunstbühne zu eröffnen, um darin kulturelle Veranstaltungen zu initiieren. Im Laufe meines Lebens habe ich dann aber doch erkannt, dass der angenehmere Platz vor der Theke und nicht dahinter ist. Umso mehr bewundere ich solche Menschen wie Malte Georgi, den Inhaber der Blues-Bar, die das leben, wovon ich lange geträumt habe.

Vor der Lesung machte sich ein merkwürdiges Gefühl in mir breit, ich war unruhig und angespannt, wusste ja nicht, was und wer da auf mich zukommen werde. Die Lesung begann. Sebastian Kranich als Ortsvorsitzender der Hallensischen Bündnisgrünen begrüßte souverän und ruhig die Zuhörer.

Er stellte zunächst mal richtig, was in der Presseankündigung der Mitteldeutschen Zeitung irrtümlich gestanden hatte, nämlich, dass ich ein Stuttgarter Manager, der jetzt auf dem Weg in seine Rente unter die Tippelbrüder gegangen sei, was uns alle sehr amüsiert hatte. Am Veranstaltungstag wurde ich unter den Veranstaltungshinweisen des Tages als Deutschlandwanderer tituliert, was ja nicht gänzlich falsch war. Als ich dies las, meinte ich lakonisch, Hauptsache sie kündigen mich nicht als Wanderprediger an.

Die Lesung verlief sehr gut, was nicht zuletzt daran lag, dass Malte Georgi (Piano) und Siegfried von der Heide (Gesang) mit ihrer großartigen Musikalität die Lesung mehr als bereicherten. Während und nach der Pause gab es diverse Gespräche mit interessierten und sehr freundlichen Zuhörern, die sich für die Lesung bedankten, was mich natürlich sehr freute.

Doch der Abend war noch lange nicht zu Ende.

Nachdem man in Sachsen-Anhalt ganz im Gegensatz zu Bayern in - von der restlichen Gastwirtschaft - abgetrennten Räumen immer noch rauchen darf, begab sich der Großteil der Anwesenden dorthin. Obwohl ich seit fast 2 Jahren nicht mehr rauche, genieße ich es immer noch, Tabakrauch zu riechen und stelle immer wieder fest, dass Raucherinnen und Raucher ein sympathisches, wohl weil auch lasterhaftes Volk sind.

So saßen wir dann zusammen, tranken das ein und andere Glas Wein, aßen leckeres Essen. Nach einer Weile, in dem wir uns über Gott und die Welt unterhielten, naja mehr über die Welt, stimmte irgendjemand ein Volkslied an und die anwesenden Gäste stimmten frohgemut in den Gesang ein.

So gab das eine Lied das andere. Es gab viele Lieder, die ich kannte, doch das ein oder andere der Volkslieder kannte ich nicht, was wohl auch mit der unterschiedlichen Sozialisation in DDR und alter BRD zu tun hatte. Ich könnte mir eine vergleichbare Situation in einer Alt-BRD-Kneipe nicht vorstellen, wo ein bunt zusammen gewürfelter Haufen spontan deutsche Volkslieder anstimmt und sich herzlich darüber freut.

So langsam brachen wir dann nach Mitternacht doch auf. Zuhause bei Gerit und Sebastian tranken wir dann noch einen Absacker, die beiden erzählten vom Leben in der DDR, von Lyrikern und Mentoren, die sie hatten und müde gingen wir dann schlafen.

Am nächsten Morgen fragte ich Sebastian dann noch nach der Philipp-Müller-Straße, in der mein Onkel Willi gewohnt hatte, wie mir mein Bruder Dieter tags zuvor am Telefon erzählt hatte.

Wie war ich doch erstaunt, als Sebastian mir sagte, dass diese Straße eben nur um die Ecke sei bzw. gewesen sei, weil sie vor einiger Zeit in Willy-Brandt-Straße umbenannt worden war.

Es gibt wohl keine Zufälle. Hatte mich Onkel Willi zu den beiden geschickt, wo ich mich so wohl gefühlt hatte, als wäre ich bei ihm zu Gast gewesen?

Gerit und Sebastian sind zwei wundervolle Menschen mit Herzensgüte, die ohne Aufhebens um ihre Person das leben, was der Menschheit immer wieder abgeht, nämlich Herzenswärme und Mitmenschlichkeit. So verabschiedete ich mich von den beiden sehr herzlich und hoffe sehr, sie bald auch in Franken begrüßen zu können.

Der Blues Gottes

Nachdem ich Halle verlassen hatte führte mich mein Weg vorbei an Bitterfeld. Nomen est omen, wie wir Franken in diesem Falle sagen, denn Bitterfeld war vor und nach der Wende Synonym für Umweltzerstörung im unvorstellbaren Ausmaße. Aber das war. Zumindest äußerlich ist nichts mehr zu sehen, moderne zeitgemäße Anlagen zieren die Wege - und doch ein mulmiges Gefühl lässt sich nicht verleugnen. Rosemarie, die gute Seele Anhalts las mich auf, bot mir großzügig Unterkunft und Essen an. Sie meinte es mehr als gut mir. Mit ihrem Auto zeigte sie mir die kulturellen Sehenswürdigkeiten ihrer Heimat, die ich zu Fuß in dieser zeitlichen Dichte niemals hätte besichtigen können.

Dessau - Bauhaus: Die Avantgarde der bildenden Kunst, Revolutionäre im Denken, in der Baukunst. Was Anfang des 20. Jahrhunderts doch alles entstand! Neben dem Bauhaus entstanden ja um diese Zeit auch viele reformpädagogische Konzepte, wie die Waldorfpädagogik, die Landschulheimpädagogik und vieles andere mehr.

Sowohl was die Baukunst betrifft wie auch die Reformpädagogik - heute 100 Jahre später sind wir langsam dabei, diese Konzepte, diese am Menschen orientierten Ideen endlich umzusetzen.

Derzeit findet im Bauhaus Dessau eine Ausstellung statt, die sich das "Bauhaus in Kalkutta" nennt. Nach dem Ersten Weltkrieg unternahm die westliche Moderne, namentlich die Bauhauskünstler Paul Klee, Lyonel Feininger Johannes Itten, Georg Muche und Wassily Kandinsky bzw. ihre Werke den Weg nach Kalkutta auf sich und trafen auf indische Avantgardekünstler, wie z.B. den Literaturnobelpreisträger Abandiranath Tagore, um den wohl bekanntesten der indischen Künstler zu nennen. Die Westler suchten nach dem Ersten Weltkrieg auf imaginären Reisen in den Orient Antworten auf künstlerische und existentielle Fragen, und die Inder nach der spätkolonialen Phase waren auf der Suche nach einer neuen kulturellen Identität. Dieser Prozess ist meiner Einschätzung nach noch lange nicht abgeschlossen.

Danach ein Besuch der Bauhaus-Meisterhäuser in unmittelbarer Nachbarschaft. Dieser wegweisende sachliche Baustil ist schon bestechend. Doch die Jugendstilvillen, die Bürgerhäuser aus der Gründerzeit gleich daneben strahlen mehr Wärme aus, haben für mich mehr Charakter. Müsste ich mich entscheiden, wäre einer der Villen mein Favorit. Ein Garten mitten im Meer ist einfach schöner als eine Blume in der Vase.

Die Stadt Luthers sprengte meine Vorstellung, die sehr antiquiert war. In meinem Bild von Wittenberg mischten sich die Abziehbilder aus dem Katechismus meiner Schulzeit mit den grautristen Fotos aus DDR-Zeiten. Die Wirklichkeit ist eine ganz andere. Wittenberg ist mitten in den Vorbereitungen für das Luther Jahr 2017. Die Kirchen Luthers hinter Bauzäunen versteckt, nur zu festgelegten Zeiten geöffnet, sind eingebettet in eine bunte, lebendige Stadt, die sich noch ihren Platz sucht zwischen dem zu Ende gehenden Mittelalter und dem 21. Jahrhundert. Auf der Fahrt in Rosemaries idyllische Oase erheiterten mich immer wieder die für meine Ohren ulkig klingenden Ortsnamen wie Buko, Polenzko, Muehro, Zieko und Hundeluft. Im Gespräch mit Rosemarie erstaunte mich immer wieder dieses Gefühl, das damals wohl viele DDR-Bürger hatten. Es erinnert mich an ein Grab voller Lieder, Gedichte und Gitarren, voll erstickender Träume, die dann wie durch ein Wunder zum Leben erwachten bzw. dem Blues Gottes entsprangen, der sich lange genug die Gebete der Hoffnung am Ufer des Jordan angehört hatte.

Ostdeutschland – der unbekannte, trunken machende Planet

Seit ich in Thüringen erstmals die Gott sei Dank nur noch in Geschichtsbüchern vorhandene Grenze überschritten hatte, fielen mir viele Unterschiede auf, die ich mir nur mit den bis 1989 vorhandenen politischen Systemen und den daraus resultierenden unterschiedlichen Sozialisationen der Menschen erklären kann. Zum einen merke ich immer deutlicher, dass mir die Regionen der neuen Bundesländer nicht so geläufig sind wie die der alten BRD. Es war ja auch so, dass wir z.B. über irgendein Städtchen in einem Entwicklungsland mehr Information hatten als über die Städte und Gemeinden, über das Leben in der DDR. Als ich dies in mehreren Gesprächen anbrachte und meinte, dies sei wohl umgekehrt ebenso gewesen, erntete ich nur Kopfschütteln und Grinsen und hörte: "Ne, wir schauten ja alle eifrig Westfernsehen und waren sehr wohl über die BRD informiert!"

Während unser Leben sorgenfrei war, ohne direkte staatliche Unterdrückung und Bevormundung, war für so manche der Menschen, die ich bisher kennenlernte, das Leben in einer Diktatur sehr restriktiv und wenn man nicht funktionierte, nicht mitmachte im geplanten staatlichen "Bevormundungsspiel" hatte man mit massiven Beeinträchtigungen zu kämpfen.

Was ich bisher sah in den diesen wunderschönen Dörfern und Städten, wie die vorhandene Bausubstanz mit viel Liebe zum Detail renoviert wurde und wird, dann kann ich die im Westen immer gehörten Animositäten gegenüber "Aufbau Ost" und Solidaritätszuschlag nicht hinnehmen, denn was restauriert wurde und wird, ist unsere gemeinsame Geschichte und wir sollten uns darüber freuen, dass Geschichte in diesem Teil der Republik meines Erachtens im Bewusstsein der Bevölkerung eines höheren Stellenwert hat, als ich es bei vielen Wessies erlebe.

Die Landschaften Ostdeutschlands sind wunderschön, diese herrlichen Wälder, diese grünen, weiten Ebenen, und immer wieder Alleen ohne Ende, wie aus einem Traum meiner Kinderzeit, wo stolze Ritter gegen Drachen kämpften und logischerweise auch siegten. Während im Westen, vor allem in den 60/70er Jahren, jeder Baum, jede Allee dem Auto weichen musste - weil wieder mal ein Auto dagegen gerast war - als wäre der Baum daran schuld gewesen, dass er gerade da stand, sind im Osten die Alleen erhalten geblieben. Sie stehen trutzig da, wie alte Meere, erscheinen mir wie Bilder aus einem längst vergessenen Buch meiner Kindheit.

Das kulturell-historische Wissen der Menschen, die ich traf, erstaunte mich oft. Ergebnis der sozialistischen Bildung? Allein die Straßennamen sprechen Bände. Natürlich gibt es im Westen in jedem Ort ab einer gewissen Größe eine Goethe- und Schillerstraße. Doch wo gibt es eine Carl-von-Ossietzky-Straße, wo eine Straße, die nach Ernst Toller, Erich Mühsam, Mascha Kaleko, nach Walter Rathenau, nach Dietrich Bonhoeffer, nach Walter Gropius, Paul Klee, nach Johannes Itten benannt ist. Im Westen mag mans nicht so historisch-kulturell, da flüchtet man sich – zumindest in meiner Heimatstadt - bei der Namensgebung von Straßen in die Vogel- und Pflanzenwelt, in die Habichts- und Eulenwege, in die Eichen-, Buchen- und Ginsterwege. So muss man nicht Stellung beziehen! Und die Menschen, die sogenannten Ossies? Sie sind in der Tat so ziemlich anders als die Wessies. Sie sind ausnehmend freundlich, sehr hilfsbereit, ohne Standesdünkel und gehen aufeinander zu. Als ich in Thüringen, um es an einem Beispiel deutlich zu machen, eines Morgens zum Frühstück kam, mich an einen allein stehenden Tisch setzen wollte, lachte mich eine junge Frau an und meinte: "Hierher gesetzt, wir beißen nicht, hier ist Ossie-Land. Wir reden miteinander!" So war es auch, woher kommen sie, wohin des Wegs und da sollte sie das noch anschauen, da hab ich Freunde, die können ihnen bestimmt weiter helfen, wenn sie oder du Hilfe brauchst.

Diesen unbekannten Kontinent gilt es zu entdecken. Hierfür brauchen wir nicht den Mut und die Navigationskünste eines Kolumbus. Wir müssen keine Geister beschwören, keiner schwarzen Magie vertrauen. Dieser Kontinent ist direkt vor unserer Nase in die Erde geritzt.

Wir müssen uns in kein Flugzeug setzen, wo man uns dann beim Aussteigen sagt, wir seien in der Dom Rep oder sonst wo. Ob`s stimmt? Wir müssen es einfach glauben.
Dieser trunken machende schöne Kontinent erzeugt in mir strömende Bilder, die fast verschollenen Dialekte Babyloniens hilft er zu entdecken.

Sabinchen war ein Frauenzimmer.....und das in Treuenbrietzen!

Frühmorgens lauf ich los in Bad Belzig, mein Ziel ist Treuenbrietzen. Noch nie gehört? Banause, kultureller! Dabei ist dieser Ort "Sabinchenstadt"! Genau, eben jenes Frauenzimmer, das...... Kein Wunder, dass sich dieser Ort so nannte.......oder hieß er vorher schon so?? Ich weiß es nicht und wollte die Lokalhistoriker an einem Wochenende deswegen auch nicht behelligen.
Was ich sagen will ist, dass ich an jenem Abend, an dem ich diese Zeilen schreibe, verdammt müde bin und im Laufe des Tages wieder mal unflätige Tiraden in den Himmel schrie, denn mein Handy-Navi verpasste mir wieder mal Umwege, ein Dreieck in der Landschaft, wo es eine gerade Linie meisterhaft getan hätte. Als ich mitten im Wald mich mutterseelenallein wähnte und mich nach Herzenslust verbal aus tobte, das körperliche war mir schon längst vergangen, überholte mich gerade ein Radfahrer, meinte halb lachend, halb besorgt: "Es wird schoo!"
Wie ein waidwund geschossenes Tier mit brennenden Fußsohlen, schmerzenden Muskeln hechelte ich in Sabinchens Stadt hinein und statt der offiziellen 24km, der von mir geschätzten 30 gelaufenen Kilometer, fühlte ich mich als wäre ich 100 km durch die wunderschöne Landschaft gehechelt. Doch einen Blick für die grandiosen Alleen, die satten Wiesen mit ihren Mohn- und Kornblumen hatte ich nicht mehr. Meine Welt am frühen Abend war geschrumpft auf einen Himmel, in dessen Zentrum ein Sofa genau unter einer Dusche stand.

Blauer Mond über Jüterbog

Ich weiß nicht, was das heute war, wie das so ging. Beim Frühstück sitzend in Treuenbrietzen, in der Küche meiner Vermieterin, war Nachdenken chancenlos, denn ich hatte Gesellschaft von ihr: einer liebenswürdigen, besorgten Dame, die ohne zu atmen in knapp 30 Minuten mir die gesamte Geschichte ihrer Familie nahe brachte. Sie selbst nannte sich redselig, was nicht gelogen war. Was immer dieses Wort für einen Ursprung auch haben mag. Nicht immer, so meine sehr subjektive Meinung, sind jene selig zu preisen, die eine ungezügelte, endlose Rede ihr Eigen nennen. Manchmal sagt Schweigen mehr als 1000 Worte. Ich saß still da und in mir erglühte weißer Schnee, fühlte mich wie ein kleiner Goldfisch im Amazonas der Worte.
HINAUS! Von gegenseitigen guten Wünschen begleitet suchte ich meinen Weg, beäugte kritisch mein Navi, doch entschied ich mich heute für die navilose Radweg-Variante, da gut beschildert und nicht wesentlich länger.
Überhaupt: Als wandernder Zeitgenosse unterwegs zu sein, lässt Erfahrungen machen, die im Trubel des Alltags nicht bemerkt werden. Der gestrige Tag ließ mich nach Ruhebänken, Sitzgelegenheiten lechzen, doch auf mehr als 20km langem Weg war nicht eine zu entdecken. NICHT EINE!!! Während auf bundesdeutschen Autobahnen ca. alle 5 - 10km Parkplätze zum Verweilen einladen, gilt der Wanderer als Exot, als Angehöriger einer aussterbenden Spezies.
Heute wähnte ich mich auf Inlinern unterwegs, die Zeit flog vorbei, die Kilometer fraß ich als hätte ich jahrelang gehungert. Solche Tage gibt es eben auch - wie schön!

So gelangte ich nach Jüterbog. Ganz in der Nähe Wittenbergs gelegen, war von hier die Kunde zu Luther gedrungen, dass ein gewisser Johann Tetzel gegen entsprechendes Entgelt den Ablass von den Sünden verkaufe. Der Rest der Geschichte ist hinlänglich bekannt.

Der arme Tetzel gilt bis heute als Inbegriff des Bösen. Geldgierig, korrupt, skrupellos sei er gewesen, der 'Ablasshändler' Johann Tetzel. Für die Lutheraner wurde er zum Sinnbild einer verdorbenen Kirche und damit zum idealen Feindbild. So mancher innerhalb der römisch-katholischen Kirche sahen in ihm einen Mitschuldigen an der Kirchenspaltung, die ohne seine Maßlosigkeit vielleicht zu verhindern gewesen wäre.

Doch Tetzel bewegte sich innerhalb der damaligen Ordnung, war nur Ausführender und vollzog die Direktive seiner Kirchenleitung, Gelder zu requirieren.

Ich sah heute Nachmittag als ich am Tetzelhaus vorüber ging, den Mond zwischen Kaminen flattern, wie aus blauem Seidenpapier geschnitten, eine Rockgruppe spielte raue Songs für gefallene Engel und heraus trat Van Morrison unnachahmlich mit seiner schwerelosen, sphärischen Stimme "no guru, no method, no teacher" singend, passend zu diesem kirchengeschichtsträchtigen Umfeld, dass es mir leicht ums Herz wurde und ich dem Mond jede Farbe gönnte, die er sich nur wünschte.

Herr Schufti geht mit Herrn Tetzel einen saufen!

Als Herr Schufti die ganze Geschichte Tetzels in Jüterbog aufgesogen hatte und nicht mehr diesem aus seiner Schulzeit übrig gebliebenem Halbwissen ausgeliefert war, beschloss er Herrn Tetzel in seinem Turm aufzusuchen, um ihn zu einem kleinen Umtrunk, einem Gespräch einzuladen. Gesagt - getan! Nach mehrmaligem Klopfen an der Turmtür öffnete ein kleiner blassfahler Mann mit faltigem Pergamentgesicht, schwer atmend und fragte nach Herrn Schuftis Begehr.

Der stellte sich vor und bat Herrn Tetzel um ein Gespräch, weil er sich nicht vorstellen könne und wolle, dass das Bild, das seit Jahrhunderten von ihm gezeichnet werde, der Wahrheit entspräche.

Herr Tetzel, zweifellos deutlich in die Jahre gekommen, hob die linke Augenbraue leicht an und grummelte Unverständliches vor sich hin. Das Angebot eines kleinen Umtrunks nahm er sichtbar gerne an, er leckte sich die spröden, aufgeplatzten Lippen, die wie Schuppen von Fischen aussahen.

Herr Tetzel, dem das Reden über die Zeit des Ablasshandels sichtlich schwer fiel, meinte nur, dass er nur das getan hatte, was viele seiner von Rom beauftragten theologischen Kollegen ebenfalls umgesetzt hatten, nämlich dem Papst Gehorsam zu leisten und den Ablass gegen entsprechende Münze zu entsprechen. Und er sei damit verdammt erfolgreich gewesen!

Herr Tetzel sprach dem Silvaner von der Saale-Unstrut kräftig zu und meinte mit einem Augenzwinkern, dass er kurz nach der Auseinandersetzung mit Luther und Rom das Gerücht in die Welt gesetzt habe, er sei verstorben. Seitdem habe er in seinem Turm gehaust, sich durch zahllose Nächte geschlichen, auf den Flügeln der Möwen nach Fischen und anderem Essbaren gejagt. So habe er, sinnierte er, das Glas Wein genüsslich leer trinkend, die Jahre und Jahrhunderte überdauert. Nicht viel habe sich verändert seitdem. Nach wie vor kleben die Wolken am Himmel, der Mond tanze zuweilen des Nachts mit ihm, wenn sich die Wolken breitschlagen lassen, um sich vor die beiden zu schieben. Er habe seine Lebensfreude nach langer Zeit wieder gefunden, mit Birken und Buchenwäldern im Kopf, mit blauen Flüssen, die schönen, weichen Frauen ähneln. Bildertrinkend der vereisten Welt getrotzt, auf der falschen Seite des Himmels auf Wiedergutmachung gehofft.

Herr Schufti goss immer wieder kräftig nach und vergaß nicht, sich selbst mit dem süffigen Wein zu versorgen. Noch lange saßen die beiden zusammen. Man hätte sie für alte Freunde

halten können, wie sie da saßen, die Köpfe zusammen steckten, miteinander lauthals lachten, sich prustend auf die Schenkel klopften. Bevor sie das Lokal verließen, wurden ihre Gesichter ernster, Herr Schufti nickte mehrmals mit dem Kopf, schaute nachdenklich in Herrn Tetzels Angesicht, bevor sie sich zum Abschied die Hand gaben.
Als der Wirt die Türe hinter den beiden schloss, wankten sie beseelt, Arm in Arm bis zu Herrn Tetzels Tür, wo dieser plötzlich umkippte, zu Staub zerfiel.
Herr Schufti nicht sonderlich überrascht, fegte Herrn Tetzels Überreste zusammen, steckte sie in sein Stofftaschentuch, ging fröhlich pfeifend zur Stadt hinaus und zerstreute Herrn Tetzels Asche wie versprochen im Wind der Zeit.

Nur ein Schlenzer nach Schlenzer

So dachte ich wieder einmal blauäugig, als ich am nächsten Morgen nach einem opulenten Frühstück in Jüterbog loszog. Knappe 14km, das ist ja kein Problem. Die ersten beiden Stunden vergingen wie im Flug. Ich sah die Welt mit offenem Auge und offenem Munde an, zückte hie und da meinen Fotoapparat, kein Rucksack drückte, nichts tat weh. Als ich grob geschätzt noch eine Stunde von meinem Ziel entfernt war, hielt plötzlich ein Auto neben mir. Das Fahrerfenster bewegte sich nach unten und ich vernahm eine markante männliche Stimme: "Mitfahren?", was ich gerne annahm. Wenn auch nur wenige Kilometer - doch lieber schlecht gefahren als gut gelaufen, dachte ich mir in diesem Augenblick, denn die Sonne brannte schon ziemlich kräftig.
Der freundliche Mensch entließ mich wieder und ich wähnte mich schon kurz vor dem Tagesziel. Ein Blick aufs Handy irritierte mich sehr, denn plötzlich waren es wieder mehr als eine Stunde Fußmarsch, wo es doch nach meiner Schätzung höchstens noch 20 Minuten sein durften. Doch nachdem die komplette Adresse auf dem Handy bzw. Navi zu sehen war, dachte ich mir: "Du mit deiner Technikfeindlichkeit. Verlass dich halt einfach mal auf die Technik und halt die Klappe!"
So lief ich vertrauensselig weiter, die Mittagssonne drehte voll auf. Als ich dann kurz vor meinem vermeintlichen Ziel war, mir so langsam alles spanisch bzw. brandenburgisch vorkam, hielt ein Auto justament in dem Augenblick an, als ich die Straße vor ihm überqueren wollte. Das Seitenfenster wurde herunter gelassen und ich fragte die Fahrerin nach dem Gasthaus Am Berg, wo ich mich telefonisch angekündigt hatte. Nach meinem Handy sollte ich dort in etwas mehr als einer Viertelstunde ankommen. Die Frau schaute mich ungläubig an: "Hier gibt es weit und breit kein Gasthaus, die haben alle schon vor Jahren dicht gemacht!" Ich schaute sie staunend an und meinte: "Das kann nicht sein, Dorfstr. 24. Mein Navi zeigts an!" Sie erwiderte: "Das einzige Gasthaus hier weit und breit heißt schon Gasthaus Am Berg, doch das ist in Schlenzer ca. 14km von hier!"
Mir fielen sämtliche Kinnläden herunter, meine Zunge hing schon am Boden. Leider müsse sie sich beeilen, sie komme sonst zu spät zur Arbeit, meinte sie, schenkte mir freundlicherweise eine Flasche Mineralwasser. Ich immer noch mit leichter Hoffnung, begab mich zur Adresse, die das Handy mir stoisch als Ziel auswies. Zuvor meinte die junge Frau noch, dass es keinen Bus mehr gäbe, der letzte Schulbus sei schon gefahren, Zugverbindung sei hier nicht vorhanden und jene, die über kein Auto verfügten, hätten eben einfach Pech. So wie ich an diesem Tag, denn meine Adresse erwies sich als Windei.
Eine graue Hütte aus Stein, seit vielen Jahren unbewohnt, mit zugenagelten Fenstern. Nachdem ich vor meinem Abmarsch am Vormittag mit der Inhaberin telefoniert hatte, konnte dies gewiss nicht die ersehnte Gastwirtschaft sein. Also zurück!!
Ich glaubte nicht daran, dass ich an diesem Tag noch an mein Ziel kommen würde, sah mich schon meine erste Nacht widerwillig und fremdbestimmt im Freien verbringen. Die

Verkehrsdichte auf diesem Straßenabschnitt ging gegen Null. Pro Stunde vielleicht 3 - 5 Autos. So war es auch. Die ersten beiden Autos, die ich schon von weitem hörte, waren Nobelkarossen mit westdeutschen Autonummern. Ich fluchte schon auf die arroganten Wessies, sämtliche Vorurteile auf meine Landsleute aus dem westlichen Teil der Republik hatte ich parat und schimpfte wie ein Rohrspatz. Dann ca. 15min später wieder ein Motorengeräusch, das neben mir anhielt. Ein Brandenburger nahm mich ohne großes Getöns mit. Ich lief dann die letzten 6km wieder auf dem Weg, den ich ursprünglich hätte einschlagen sollen, wenn ich nur meinem Verstand und nicht der Technik vertraut hätte. Ich schlich mehr denn ich lief, irgendwann erreichte ich das tatsächlich das Gasthaus Am Berg, wo mich eine fröhliche, sympathische Wirtin mit ihrem Sohn empfing und ich fühlte mich als hätte mich irgendjemand wieder an die Nabelschnur geklemmt. Die Grundfunktionen des Lebens wurden gestillt, die Dusche war wie Musik, die aus der Milchstraße auf mich herab prasselte, ich spürte jeden Tropfen auf der Haut und wähnte mich den Ufern des Himmels unsagbar nah.

Herr Schufti zu Gast beim "Meester"

Nach Herrn Schuftis Ankunft in Schlenzer war der Tag noch lange nicht zu Ende. Der Ehemann der Wirtin gesellte sich zu ihm und Herr Schufti bestellte sich ein Schnitzel mit Bratkartoffeln, worauf ihm der Wirt zu bedenken gab: "Weeste Meester, da musst du jetzt Geduld mitbringen, denn hier wird alles frisch zu bereitet wie bei Muddern zu Hause, so ganz ohne Fertigzeugs!" Herr Schuft wartete gerne auf sein Schnitzel und das Warten lohnte sich, denn das Schnitzel schmeckte vorzüglich.

Der grüne Veltliner aus dem Burgenland ebenso. Der letzte Rest aus der Flasche war Herrn Schuftis Absacker zur guten Nacht. Zuvor waren die alten Zeiten eine Erinnerung an berstende Ungerechtigkeiten, wenn Meester Erinnerungen öffnete wie volle Weinflaschen: " Weeste Meester, was ikke nie begriffen habe. Der eene Nachbar hatte 90ha Grundbesitz, durfte alles behalten. Der andere Nachbar, hatte 110 ha, dem wurde alles weg genommen. Warum? Det begreife ich nie und nimmer. Der musste jeden Tag an seinem Elternhaus vorbei, mit Tränen in den Augen und durfte das Haus nicht mehr betreten."

Da gibt es wohl auch nichts zu begreifen! Ein stiller nie versiegender Fluss der Tränen im Ozean des Schmerzes!

Zu später Stunde wurde Herr Schufti in die schönen heiligen Hallen des Etablissements eingeführt, ein toller Saal mit Platz für 200 Gäste im Stil der 20er Jahre eingerichtet, bot an bestimmten Festtagen der Einwohnerschaft der Region Platz für wilde Gesänge und tosendes Leben. Am nächsten Morgen kreierte Meester Herrn Schufti noch ein Frühstück, kostbar wie der Erde Farben.

Fontaneland

Schon am frühen Morgen war die Luft aufgeheizt, eine afrikanisch anmutende Impression im Land Brandenburg. Meester brachte mir einen Prospekt, damit ich mich zumindest in den nächsten Tagen nicht mehr auf mein Handy verlassen musste, mich nicht mehr verlief. Der Fläming-Skate ist ein im brandenburgischen Landkreis Teltow-Fläming einzigartiges Asphaltband von mehr als 230km Länge mit verschiedenen Rundkursen, speziell für Inline-Skater, Rad- Rollstuhlfahrer und natürlich auch für Wanderer wie mich benutzbar. Gut markiert, fernab von Autostraßen, sicher und ruhig durch die Natur, im Licht gelegen. So legte ich das Ziel meines Tages fest: Dahme/Mark.

Von Schlenzer aus startete ich zunächst Richtung Wahlsdorf, das ich nach einer guten Stunde erreichte. Was hatte die Sonne frühmorgens schon für eine Kraft. Am Waldrand entlang verlief der Fläming-Skate, doch in der prallen Sonne gelegen, nur ganz selten der Hauch eines Schattens. In Wahlsdorf, nach knapp 6km war ich schon platt, setzte mich am Dorfteich auf eine der zahlreichen Sitzbänke, lauschte dem fröhlichen Gesang der Vögel, sah dem aufgeregten Treiben der Libellen zu. Die Frösche quakten munter, erzählten von ihren Wunden und Träumen, der Schönheit ihrer Geliebten, von Hunger und Tod. Ich fühlte mich mehr als 100 Jahre zurück versetzt in die Zeit Theodor Fontanes, der auf seiner Wanderschaft durch die Mark Brandenburg meinen Weg kreuzte, sich zu mir setzte, um zu hören, ob ich denn mit Lust und Laune unterwegs sei in seinem Lande. Ich konnte dem nur zustimmen, genoss ich doch meine Zeit, erfreute mich der landschaftlichen Schönheit, der fröhlichen Lebensart seiner Bewohner. Ein an der Straße gelegenes Gasthaus mit einladendem Tisch im Schatten zog mich magisch an. Ich nahm Platz und die Wirtin brachte mir einen halben Liter eiskalten Apferschorles, das ich mir nichts dir nichts in kraftvollen Zügen leerte. Sie erzählte mir auf meine Nachfrage hin, dass auch sie in drei Jahren, wenn ihr Mann dann in Rente ginge, das Lokal schließen werde. Von vier Stammgästen am Freitag, dreien am Samstag und den wenigen Essensgästen am Sonntagmittag könne sie nicht existieren.

So sei es überall im Lande und erst wenn in den Dörfern die Gastwirtschaften endgültig der Vergangenheit. angehörten, werde allen zumindest vielen bewusst werden, was da kaputt gegangen war.

Nach dem zweiten Apfelschorle marschierte ich weiter in der Hoffnung auf verlockenden, kühlenden Schatten. Doch weit gefehlt. Der Gesang der Sonne an diesem Tag erzeugte Schweißkrusten auf meinem Hemd, glühende Kaskaden von Licht fibrierten am Firmament, ein endloses Asphaltband glänzte nackt in der zuckenden Hitze. Mir wurde mit zunehmender Dauer schwindlig, Übelkeit kam auf und ich besann mich, schalt mich einen lebensmüden Narren, wenn ich in dieser Gluthitze noch weiter liefe. So erreichte ich Gebersdorf.

Bei diesem Namen sandte ich unzählige Grüße an all die Schafkopf-Philosophen Frankens und der Welt, die zahllose Dilettanten in einen Ort dieses Namens gewünscht hatten, damit sie sich in die hohe Kunst des Kartenmischens und -ausgebens einweisen ließen.

So gab ich klein bei, setzte mich vernünftigerweise in den Bus, der mich die letzten 4 km nach Dahme/Mark brachte. Manchmal besteht die Welt aus einer einzigen brennenden Sonne und Millionen ungetrunkener eisgekühlter Gläser aus Licht.

Herr Schufti, Herr B aus D, die Treuhand und der Dienst aus Pullach

Als Herr Schufti des Morgens bei seinem Gastgeber zum Frühstück saß, die Wohnung war voller jagdforstlicher Reliquien, denn Herr B. war in seinem Berufsleben Foerster gewesen, erfuhr er vieles aus der Wendezeit. Als die Wende gerade kapitalistische Zuge annahm, die Windeln der Jungfräulichkeit voll waren, die Besserwessies aus dem Westen, gerade erst der Universität entwachsen aber schon mit Allmachtswissen ausgestattet, sich den Erfahrungen der forstwirtschaftlichen Praktiker stellten und diesen in voller unhöflicher Arroganz verkündete: "Euch zeige ich jetzt mal, was Forstwirtschaft heißt und ist!" Nach wenigen Wochen waren derartige Herren auf Grund der Ablehnung der "Unwissenden" schnell wieder von der Wiese.

Die Treuhand verscherbelte Betriebe. Da wollten Betriebsangehörige die Firma erwerben. Diese wurde aber als zu teuer tituliert, den Investoren aus dem eigenen Betrieb utopische Summen als Kaufpreis genannt. Die Firma ging um eine DM weg, Fertigprodukte und Maschinen aus dem Betrieb in den Lagerhallen zahlreich vorhanden, für teures Geld europaweit verscherbelt und dann die Firma der Treuhand wieder um eine DM verkauft. So wurden Särge versiegelt, Pisse zu Wein deklariert und die Träume rückwärts katapultiert. "Warum glaubst du denn ist der Dienst in Pullach so groß? Von Anfang an hörten die unsere Telefone ab, bis heute! Unsere Daten werden an die Amerikaner verkooft!" Herr Schufti erschauerte, ob der Bedeutung seines Gegenübers. Er fühlte sich wieder einmal mitten im Zentrum des Weltgeschehens, quasi saß er mitten in der kalten Pracht.

"Ich kann dir sagen, wäre die Nacht des Sozialismus nicht so lang gewesen, wir hatten diesem Geruch niemals getraut, wären niemals fremd gegangen im Brautkleid der Erneuerung, das uns Rosinen versprach, die guten Tag sagten, obwohl wir wussten, dass dies ein Auf Wiedersehen war. "

Herr Schufti dachte sich:

Da wird Erde und Himmel mit taufrischem Wasser besprengt, die wollten das Land erneuern, das was sie so schätzten bewahren und das weniger Gute ausmerzen, die Schatten gegen das Licht der Welt eintauschen.

"Die Schritte zählen heute noch die Windungen im Gehirn, die Tage im Schlachthaus der Zukunft", lachte sarkastisch Herr B. aus D. Herrn Schufti an.

Diesem wurde wieder einmal der Unterschied klar zwischen dem Anzünden einer Kerze und dem Verglühen der Sonne.

Ein brennender Tag

Ich machte mich weiter auf meinen Weg. Auch wenn die Wetterprognose einen heißen Sommertag angekündigt hatte und ich auf Grund meiner Erfahrung des Vortages mir eigentlich eine kleine Tour vorgenommen hatte, wollte ich doch die 20km bis Luckau schaffen, denn ich wollte jetzt endlich im Spreewald ankommen. Spreewald - da klangen in meinen Ohren Schatten, Wasser. mystische Wälder und Ruhe an.

Auch ein Blick auf die Karte zeigte mir, dass doch ein Gutteil meines heutigen Weges durch den Wald führte, was sich sehr schnell als angenehm herausstellte. So zog ich durch Ortschaften wie Rosenthal und Sieb Richtung Luckau und war ohne nennenswerte Pause nach fast 6 Stunden dort angekommen. Ausgetrocknet wie die Sahelzone stürmte ich mitten in Luckau am Marktplatz auf einen schattigen Stuhl im Freien einer Gastwirtschaft. Ich genoss das kühle Apfelschorle mit Eiswürfeln und wollte danach in die Touristeninfo gehen, um mir eine Bleibe für die Nacht zu suchen, denn laufen wollte ich heute freiwillig keinen Meter mehr.

Ich hing meinen Gedanken nach und hatte das ältere Paar, zu dem ich mich an den Tisch gesellt hatte, gar nicht richtig bemerkt. Erst beim zweiten bewussten Hinhören registrierte ich, dass der freundliche Herr mit mir sprach: "Wo soll es denn hingehen, das sieht ja nach einer längeren Tour aus?", wollte er wissen, was ich ihm auch gerne erklärte. Wir kamen ins Plaudern, eine angeregte Unterhaltung kam in Fluss. Aus Oberbayern kämen sie und seien mit ihrem Wohnmobil nach Burg im Spreewald unterwegs. Wenn ich wolle, dann könne ich gerne nach Burg mit fahren. Ohne groß nachdenken zu müssen, nahm ich dieses Angebot gerne an und so fuhr ich mit diesen sympathischen Herrschaften über Lübben nach Burg. Dort am Hafen angekommen, verabschiedete ich mich herzlich von den beiden. Ein kleines einfaches Zimmer für mich zu finden, war den beiden netten Mädels in der Tourist-Info die geringste Übung und so bin ich nun im Spreewald, werde ein paar Tage hier bleiben und in diese Welt eintauchen - ohne verschütt zu gehen.

Eine Landschaft als loderndes Gedicht

Mein Ruhetag im Spreewald begann frühmorgens schon mit flirrender Luft, von der Sonne entfacht und mit der Erkenntnis, dass mich nichts dazu bewegen konnte, diesen großflächigen Ort per pedes zu erkunden. So lieh ich mir ein Fahrrad, machte zuvor noch einen Abstecher zur Post, wo ich ein Paket erstand. Mein Rucksack hatte mich um Erleichterung all jener Dinge gebeten, die bisher nur unnütz in ihm verstaut waren, nie benötigt worden waren. Ich wollte mal nicht so hartherzig zu ihm sein!

So flatterte ich los, mit großen ruhigen Flügelschlägen die Luft zerteilend, stürzte mich in den strahlend blauen Himmel, überquerte traumhaft schöne Auwälder, in denen sich die Wege schmiegten als wollten sie die Landschaft liebkosen, als wären die Märchen der Sorben gerade erst im Entstehen begriffen. Wie wenn die Idee einer Landschaft im Kopf eines verrückten Landschaftsmalers, eines irre gewordenen Gärtners entstanden wäre. Grüne Flecken, sprudelnde Wasserläufe, die einer Schlange gleich sich ihren Weg voller Sehnsucht bahnen. Und immer wieder dieses unendliche Blau, weit entfernt vom Anfang der Zeit, mitten in einem lautlos schreienden Gedicht, mit Inbrunst von einem großartigen Chor durch die Landschaft gesummt.

Wenn es Gedichte gibt, die nie jemand vernahm, weil sie ihn zum Wahnsinn bringen würden, hier bekommt man eine Ahnung davon....... Weil dieser Tag ein sehr heißer war, ein ganz besonderer, kehrte ich irgendwann ein, aß einen Teller diverser Spreewaldgürkchen, die lecker schmeckten, erfrischend mundeten und weil es sein musste, trank ich zwei Halbe Bier, wissend, dass mich dies müde machen würde. Doch konnte ich nichts mehr aufnehmen, meine Sinne waren übervoll, zum Platzen angereichert mit Schönheit über alle Maßen. Da blieb sowieso nur der Weg dorthin, wo die Augen ruhen können, wo Herz und Seele, Geist und Körper sich den Träumen ergeben.

"Witajso k nam!"

"Die losgelöste Weite der größten Streusiedlung Deutschlands....", schon allein dieses vieldeutig-nichtssagende Zitat der Werbetexter Burgs im Spreewald ließ bei Herrn Schufti keinen Zweifel daran aufkommen, auf welche Art er diesen Teil Deutschlands erkunden wollte: mit dem Fahrrad. Doch schon nach einer knappen halben Stunde kam Herr Schufti nicht umhin, sein Fahrrad an die Hand zu nehmen, getreu dem Motto: "wer sein Fahrrad liebt, der schiebt!" Ein plattes Hinterrad ist kein Vergnügen.

Der Umtausch des Fahrrads ging rasch über die Bühne und Herr Schufti tauchte ein in diese großartige, ganz eigene, besondere Landschaft. Wie golden glitzerte das Gegenlicht auf der Wasseroberfläche der Kanäle. Wo hatten sie sich denn versteckt diese unscheinbaren, lustigen Wasserelfen, die Gnome und Hexen des Spreewaldes. Herr Schufti hielt Ausschau nach Bilbo Beutlin, denn wenn nicht hier wo sonst sollte seine Heimat sein. Magische Orte und Feste, unzählige Zeitreisen auf den Wassern der Unschuld, am glitschigen Rand der Ewigkeit. Zugegrünte, stehende Flussseitenarme stechen in Herrn Schuftis Augen, dessen Augenbrauen im modrigen Licht zu schwarzen Linien verkümmern, "Witajso k nam!" Herzlich willkommen!" sagen die Sorben. Dies gilt auch dem nahenden Unwetter des Abends.

Lob der Ochsen oder mein Tag in den Fliese

Keine Sorge - ich ging heute nicht unter die Fliesenleger, um etwa niemals vorhandene handwerkliche Fähigkeiten ans Tageslicht zu zerren. Nein, ich war mit dem Fahrrad in bzw.

an den Fliese des Spreewaldes unterwegs. Fliese, das sind die kleinen Fluss(Flies)arme der Spree, die sich durch die Auwälder ziehen. So war ich auf dem sogenannten Heuschoberweg unterwegs und machte auch einen Abstecher nach Lübbenau. Der vom Unwetter der Vornacht noch feuchte Weg ist idyllisch, ja fast mystisch zu nennen. Links ein Flies, rechts ein Flies, dazwischen ein ca. 2m breiter Weg. Grüne Auenlandschaft rechts, links, vorne, hinten, oben, unten - eine satte Orgie der Natur, bombastisch überquellende Lebenskraft allenthalben. Die Sagenwelt des Spreewalds hautnah vor den Augen, vor der Nase: So soll der Teufel diese Landschaft geprägt haben, doch nicht willentlich.

Als er mit dem Ochsengespann das Bett der Spree pflügte, waren zwei seiner Ochsen müde und wollten einfach nicht mehr. Doch der Teufel wähnte sich als Herr im Ring, warf seine Mütze nach den Rindviechern und schrie: "Dass euch verdammtes faules Vieh doch meine Großmutter hole!" Des Teufels Großmutter ist ja hinlänglich für ihre Bosheit verschrien, was wohl selbst den beiden Ochsen zu Ohren gekommen sein musste. Sie ergriffen hektisch die Flucht, rannten den Pflug hinter sich her ziehend kreuz und quer durch die Spreelandschaft, rissen so ein Delta mit mehr als 350 Wasserläufen, Fliese von mehr als 500km Länge.

Ich wartete stets darauf, dass die Wassergeister des Spreewaldes mir zu winken, fühlte mich erinnert an Astrid Lindgrens Geschichte vom Wassergeist aus den Kindern von Bullerbü, sah Ole und Bosse ihre Streiche mit Inga und Britta spielen und mittendrin quietschte mein kleiner Prinz Mio voller Freude über das köstliche Nass, wartet darauf, dass sich sein Kuchenopa beeilt, damit er mit ihm die lang versprochene Wasserschlacht veranstaltet. So hab ich noch niemals Ochsen gesehen. An dieser Sage wird sehr deutlich, wie wichtig es doch ist, sich nicht alles gefallen zu lassen, dem Peiniger die Absätze zu zeigen, weil man doch sieht, welch Segen so eine Verweigerung für die Menschheit mit sich bringt. Ein Lobgesang auf die Ochsen.

Ein gleicher Lobgesang der sagenumwobenen Mittagsfrau der Sorben, die mittags auf dem Feld erscheint und aufpasst, dass zwischen 12 und 13 Uhr niemand auf den Feldern arbeitet. Wen sie erwischt, der wird getötet.

Was würden wir uns doch heute ähnlich gestrickte reale Gestalten wünschen, die aus versunkenen Sagenwelten ihren Atem mitbringen und scham- wie verantwortungslosen Managern ein Lied singen von der Wertschätzung arbeitender Menschen, notwendigen Erholungspausen, gerechter Bezahlung und der Sehnsucht der Menschen nach einem erfüllten Leben.

Die kleinen Leute, die in der Erde der Sorben leben, sich Lukti nennen lassen, borgen sich klammheimlich Haushaltsgeräte der Menschen aus und bedanken sich mit Brot und Kuchen. Heute wird gerafft, gestohlen, geklaut, was das Zeug hält und so manch einer jener Menschen, die am Überfluss schon fast ersticken, bekommen den Hals nicht voll und trinken gedankenlos von der Himmelspracht ohne jene zu sehen, deren Speisung aus dem Staub auf der Zunge besteht.

Wäre es nicht schön, es gäbe sie noch oder wieder, die kleinen sorbischen Irrlichtchen. Gegen ein kleines Entgelt fuhren sie die Menschen, die sich nachts im Sumpf verirrt haben, nach Hause. Wie viele Irrläufer in Politik und Wirtschaft stolpern durch dunkle, enge, sumpfige Gassen, halten das schwitzende Rot ihrer aufgedunsenen Masken für das Licht der Erkenntnis. Beim nächsten Mal führen die sorbischen Irrlichtchen derartige Zeitgenossen, wenn sie denn nichts bezahlen oder fluchen, tiefer in den Sumpf.

Auf dass sie dort gut leben, doch nicht mehr heraus finden.

Vom roten Nil zum Wannsee

Nach meinem Ritt durch die Fliese des Spreewaldes machte ich mich am nächsten Tag auf den Weg, um meinen grünen Kollegen Andreas in Lübben aufzusuchen. Er wohnt dort am roten Nil. Auf den Weg zu ihm durch die Dünen Lübbens, auf der Suche nach Andreas' grüner Oase, meinte ich Rufe und Stimmen wahrzunehmen, das Gestampfe und Geklapper von Vierbeinern. Ich hörte die Rufe der Beduinen, die Lautmalereien der Kamele. In mein Ohr drang das wunderschöne, dadaistische Gedicht Hugo Balls "Karawane":

“Jolifanto bambla o falli bambla/grossiga m'pfa habla horem/egiga goramen/hollaka hollala.................."

Der rote Nil liegt mitten in Lübben, mitten im Spreewald und Andreas nahm mich Huckepack mit, wir zogen mit modernen, zeitgemäßen Kamelen nach Berlin, um dort zum Sommerfest der LAG Kultur der Berliner Grünen zu gelangen.

Es war ein sonniger, blauer Tag, die Scherben des Himmels waren fest zu einem blumigen Bouquet zusammen gebunden, ein warmer Wind wehte uns durch die sandigen Wüstenwege Berlins, geleitete uns hin zum Wannsee.

Dort im Kulturpark-Cafe am Kladower Damm erwarteten uns Antonia und Simon in ihrer erfrischenden Herzlichkeit, mit einem reich gedeckten Tisch in der Wiese. Una festa sui prati, una bella compagnia.

Unter dem Segel der Sonne traf im Laufe des Tages ein illustrer Kreis von Menschen ein, zusammengerollt in Wollen aus Sonne, Schatten und Gras, garniert vom weichen erfrischenden Kissen des Wannsees. Ich wusste ja bisher nicht, wie das Gras in der Steppe der Hauptstadt riecht, wie gestrichelte Segel draußen auf den Masten schwebender Boote im blauen Brand aussehen. Sah Vögel fliegen, Jungvögel im tapsenden Flug sich übend, ertappt und erwischt, geschüttelt von Ginger, der kleinen, frechen, wieselflinken Hündin, die ihrem natürlichen Drang nach Essbarem in jeglicher Form sehr zugetan war. Der Nachmittag verging, der Mond zeigte sich in voller Pracht, strahlte wie eine Primaballerina nach erfolgreichem Auftritt, die ergriffen frenetischem Beifall lauscht. Auf der Fahrt in die Nacht zwischen Chausseen, die von stillen, schlafenden Wassern eingerahmt, sich in der Sänfte der Landschaft wiegten, war anschließend Potsdam in seiner sommerlichen Aufgeregtheit ein französischer endloser Boulevard. Sanssouci nahm uns gefangen, verweigerte zunächst die Heimat. Doch der sommerliche Gesang des Himmels erweichte Altfritzens Herz und er sandte seinen Adlatus, der den Schlüssel schwang, ihn drehte.

Am darauffolgenden Tag trudelte ich bei meinem Freund Ulrich ein und verbrachte erholsame, genießerische Tage in seinem Berliner Domizil.

Waldfriedhof Berlin-Dahlem

Und wieder regnet es. Dieser Sommer lehrt, welch verdammtes Glück es ist, wenn die Sonne scheint, doch wenn sie dann scheint, ist es uns auch nicht recht. Dann ist es zu schwül, zu drückend, zu heiß. Mir ist es heute auf jeden Fall zu nass.

Am Vormittag fuhr ich mit der U-Bahn zu Onkel-Toms-Hütte. So heißt die Station, wo ich mir den Weg suchte zum Waldfriedhof. Dort befindet sich das Ehrengrab Erich Mühsams und seiner Ehefrau Creszentia.

Mühsam war Dichter, Bohemien, Freigeist, politischer Anarchist, ein Querdenker. Einen wie ihn wünscht man sich heute wieder herbei, denn er würde die Dinge beim Namen nennen und sich nicht scheuen, vor Nichts und Niemanden. Sein wildes, hedonistisches, vom aufrechten Gang geprägtes Leben wurde von den Nazis brutal zerstört. Er wurde 1934 im KZ Oranienburg von SS-Schergen erschlagen. Seiner Witwe Creszentia gelang die Flucht nach

Prag, sie wurde in die Sowjetunion eingeladen und musste dort mehr als 20 Jahre in Straf- und Internierungslagern verbringen. 1962 starb sie in Pankow. Nach der Wende wurden ihre sterblichen Überreste in das gemeinsame Grab verbracht. Wenigstens im Tode wieder vereint, nachdem beide von den schrecklichsten, menschenverachtendsten Diktaturen ermordet bzw. misshandelt worden waren. Er von den Nazis, sie vom Stalinismus.

Der Weg zu ihrem Grab konnte nicht freundlich von der Sonne geleitet sein, passend dazu Regengüsse, welche die Regenbekleidung durchdrang, die Haut frieren ließ. Kein noch so blasser Engel schien heute unterwegs zu sein, kein kleiner blauer flackernder Stern am Firmament. Nur die Schleusen des Himmels zollten Tribut, es war als weinte der Himmel die Tränen über diese beiden aufrechten Menschen, die in ihrem Leben so viele Gemeinheiten und Brutalitäten erleiden mussten, dabei waren sie so voller Herzensgüte und Menschenliebe.

Nach mehr als einer Stunde des Suchens im fast menschenleeren Friedhof, entdeckte ich ihr kleines, unscheinbares Grab, von Efeu umrankt. Ich stand still und ergriffen, watete bis zu den Knien durch ein nicht vorhandenes Blumenmeer, ein warmer Wind strich um das Grab, süßes Regenwasser tropfte von den Blättern.

Herr Schufti in der Großstadt

Je länger Herr Schufti unterwegs war und dabei auch immer wieder in Großstädten zubrachte, umso sicherer wurde er sich, dass er dort nicht dauerhaft leben wollte. Diese Menschenmassen, die dort unterwegs waren, waren ihm ein Greuel. Keine fünf Meter konnte er an einem Stück geradeaus laufen. Wie ein Hase, der auf freiem Feld Haken schlägt, um seinen Verfolgern zu entkommen, so suchte er sich seinen Weg im Menschengewühl.

Ein Haken links, ein Stopp hier, Haken rechts, Stopp, weil die Fußgängerampel gerade auf Rot sprang. Das Verkehrsgewühl, der gnadenlose Lärm, die Abgasfahnen - alles, was um Herrn Schufti war, machte sich breit in seinem Innersten, versetzte sein Gedärm in zuckende Bewegungen. Herrn Schuftis Augen suchen in der Wildnis der Großstadt immer einen Halt, einen Ruhepunkt, eine gefärbte Form, die er lange fixieren konnte, wo sein Blick verweilen konnte. Doch er findet nur schnelle, hektische Blitze, ein zuckendes, unruhiges Flackern, mit Lärm gefüllt, mit unnatürlichen Geräuschen, mit einem Odem, der krank macht, der Herrn Schuftis Lunge zu einer Abgaskloake degradiert. Er sehnt sich nach dem Wiegen der Gräser, den im Sonnenlicht silbern sich wiegenden Baumkronen, dem stolzen, rasanten Flug der Fledermäuse im abendlichen Himmel; der Duft frisch gemähten Grases ging ihm ab, das Gluckern der Bäche im Wiesengrund, denen er auf seinem bisherigen Weg immer wieder begegnet war, dem er gelauscht hatte, bis diese Musik ganz sanft und zart im Dunst abflaute und verging. Herr Schufti lachte lautlos auf und sagte zu sich selbst: "So ist das eben, wenn ein Provinzler sich in die Großstadt verirrt!"Ja so ist es, wenn der Fuß auf harten, steinigen Untergrund knallt, das Stakkato der unterschiedlichsten Motorengeräusche in seine Ohren eindringen wie der Trommelwirbel eines immerwährenden Schlagzeugs.

Rudi Dutschke und zwei Häuser am Wannsee

Nach dem völlig durchweichten gestrigen Tag trieb mich der Wind am nächsten Morgen erst mal in den Dahlemer Friedhof an das Grab Rudi Dutschkes.

Das Attentat auf ihn wie sein späterer Tod hatten mich sehr erschüttert. Eine charismatische Persönlichkeit mit Visionen, die unserer Gesellschaft dauerhaft so gut getan hätte, wurde hinterrücks ermordet, von einem von der Bild-Zeitung aufgehetzten kranken Menschen.

Ich glaube, es war Karfreitag, damals als die Schüsse fielen. Der Wind schrie seinen Namen, die Wolken des Himmels trieben durch Nacht und Kälte, als er vor seinem Fahrrad am Boden lag, ihm das Blut aus dem Leben rann, er noch gerettet werden konnte. Doch sein Leben war nie mehr jenes vor dem Attentat. Ein zerstörtes Leben auf den rauen Planken einer Epoche, die gerade erst begonnen hatte. Wie nasse Haut auf fauligem Gerippe der Zeit fühlte sich das an, wie ein dorniger Weg durch den aufgequollen Bauch der Zeit.

Danach nach Wannsee, zur Liebermann-Villa. An einer ruhigen, lichtüberquellenden Ecke des Wannsee baute sich der berühmte Maler Max Liebermann sein Refugium, um Zeit und Muße für seine lichten Gemälde zu haben, um mit seiner Familie das Leben in den sogenannten goldenen 20er Jahren des vergangenen Jahrhunderts zu genießen. Am Ende seines Lebens musste er mit ansehen, miterleben bzw. ahnen, wie die Nazis ihre menschenverachtende Ideologie brutal umsetzten, das Anders-Sein in Denken, Glauben, Leben, Hautfarbe nicht tolerierten, sondern gnadenlos und brutal ausmerzten. Verbittert starb Liebermann im Jahre 1935. Obwohl die Witterung alles andere als sonnig und warm war, kühle Regengüsse hernieder prasselten, konnte man sich dem Zauber und Reiz des Liebermann`schen Hauses wie des dazugehörigen Gartens nicht entziehen.

In unmittelbarer Nachbarschaft der Liebermann-Villa liegt das Haus, in dem die sogenannte Wannsee-Konferenz stattfand, bei der die Obernazis die industrielle Vernichtung jüdischer Menschen beschlossen und dies bürokratisch "die Endlösung der Judenfrage" nannten. Als wenn ein vielköpfiger Mond schwarze Scherben auf die Erde wirft und die Ratten vom Friedhof aufs sinkende Schiff fliehen. Ein Blick von der Straße auf dieses ungastliche Haus, das kaltes Blut ausschwitzt, genügte, um sich abzuwenden. Ein Gefühl des Grauens, von Bestürzung - genug für die Ewigkeit. Ich wandte mich um und ging.

Freiberg - ein himmlischer Duft von Kaffee

Am Vormittag fuhr ich mit dem Zug zurück nach Freiberg in Sachsen, denn ich hatte mit Mike Brettschneider schon länger eine Lesung in seiner Kaffe-Rösterei "Momo" vereinbart, doch war ich inzwischen schon in Berlin angekommen.

Den Weg zurück nach Freiberg und dann wieder nach Berlin wollte ich nicht zu Fuß mehr zurück legen, denn einmal gelaufen gilt. So legte ich einen mehrstündigen Halt in Dresden ein und genoss den Flair der barocken Stadt, wo man in wenigen Stunden nur die Atmosphäre einatmen kann. Die zahlreichen großartigen Bauwerke bedürfen eines mehrtägigen Aufenthaltes, wenn man nicht nur voyeurhaft durch die Stadt hetzen will. Dann bestieg ich voller Neugier und Spannung den Regionalexpress nach Freiberg, denn ich wusste herzlich wenig von dieser Stadt - nur dass es dort eine Universität und eben eine Kaffee-Rösterei namens Momo gab.

Als ich aus dem Zug stieg, den Weg zur Innenstadt entlang ging, dachte ich so für mich: "Wo sind denn hier Studenten, wo sind denn die Menschen, die eine Stadt von 40 000 Einwohnern bevölkern sollen, das kann doch nicht sein. Hier sind ja nur wenige Menschen unterwegs! Bin ich möglicherweise falsch hier, gibt es noch ein anderes Freiberg?"

Dann sah ich plötzlich das Momo vor mir, betrat das Café, einladend der erste Eindruck. Beim Tritt über die Türschwelle haute es mich fast um - aus mehreren Gründen: zum einen sah ich, wie man auch mit gebrauchten Möbelstücken ein geschmackvolles Interieur schaffen kann, wenn man denn stilsicher ist. Zum anderen diese Düfte, ein köstlicher Hauch frisch gerösteter Kaffeearomen schwebte in der Luft, kitzelte meine Nase, Kardamom, Zimt schmiegte sich an mich, als wäre ich in eine orientalische Duftschmiede gefallen. Mike Brettschneider, der Inhaber des Momo, begrüßte mich herzlich und empfahl mir dann später einen Besuch der Freiberger Innenstadt.

Gesagt - getan: Was soll ich sagen, Freiberg ist eine wunderschöne Stadt mit einem Dom, dem ältesten Stadttheater der Welt und der ältesten montanwissenschaftlichen Universität der Welt. An diesem Abend begann in Freiberg das Bergstadtfest in der Innenstadt.
Eine kleine Schar lyrikinteressierter Zuhörer fand sich zur Lesung ein. Interessante Gespräche danach, so erfuhr ich z.B., dass schon seit geraumer Zeit ein regelmäßig stattfindender Lyrik-Salon sich regen Zuspruchs erfreut, Ich fühlte mich sehr wohl in diesem Kreis. Den Rest des Abends genoss ich dann mit Mike und Sebastian, meinem grünen Herbergsvater zur Nacht in der schönen Stadtwirtschaft bei böhmischem Essen und wohl schmeckendem böhmischem Bier. Wir tauschten uns aus über die unterschiedliche Wahrnehmung von Politik und Staat in den ehemals verfeindeten Staaten DDR und BRD. So fuhren bunte Boote mit blutspeienden Drachen damals über das trennende Meer, während heute lachende Vogel mit wildem Herzen auf Fahrrädern oder zu Fuß über ehemalige Grenzen wandern.

Back to Berlin

Nach einem schmackhaften Frühstück im Momo, einem herzlichen Abschied von Mike und Freiberg, wohin ich bestimmt wieder mit mehr Zeit im Gepäck zurück kehren werde, ging es wieder nach Berlin. Ich spürte wie mir der Druck, das Brennen auf den Fußsohlen fehlte, der monotone Rhythmus meiner Schritte, das Bei-mir-Sein, das im Kopf, in der Seele Lärmen der Gedanken und Empfindungen, die träumenden Wiesen in mir, das Betteln um Sonne in meinen dürstenden Augen. Doch erstmal ging es nach Lichterfelde und ich war sehr gespannt auf den Sommerwind am Rand der Zeit. Meine freundliche Gastgeberin Sabine zeigte mir das Gästezimmer, erklärte mir wo ich sei, nämlich in einer Genossenschaft, ehemals ein Haus für Witwen preußischer Offiziere. Das Haus liegt in einer ruhigen, sehr schönen Ecke Berlins. Am Abend kam ein befreundetes Ehepaar, Anna und Jürgen. Schnell entspann sich ein interessantes, anregendes Gespräch, aus dem sich die Gedichte Jakob Haringers, Mascha Kalekos und Theodor Kramers in weite Felder schwangen, vorbei an Bahngeleisen, über stürzende Mauern hin auf die bunt gefächerten Flügel von Schmetterlingen. Während Jürgen mit seiner melodischen Erzählerstimme uns Geschichten zum Nachdenken und Lachen darbot, verging die Zeit und uns einte das Gefühl, dass es gut und schön war zu leben, zwar endlich, doch ist die Endlichkeit aus Liedern und Geschichten gestrickt. Ein schöner Trost - für mich wie ein kleiner Fischerhafen, der im Abendrot des Südens im Meer versinkt.

Weiße Wolken auf der Zunge

Am Morgen verabschiedete ich mich von meiner interessanten Gesprächspartnerin und sympathischen Gastgeberin Sabine. Es ist großartig zu wissen, dass es Menschen gibt, die Gastfreundschaft mit einer Noblesse und Selbstverständlichkeit leben, die schon lange nicht mehr selbstverständlich ist. Wenn ich daran denke, wie ich es auf meiner Wanderung vor allem im Wessiland immer wieder sah, dass Menschen um ihr Refugium keine Büsche mehr pflanzen oder Holzzäune mehr bauen, damit ihr Besitz abgegrenzt ist, sondern richtige mannshohe Mauern, wohl aus Angst vor fremden Blicken, aus Angst Unbefugte könnten eindringen und sich widerrechtlich bereichern, dann beschleichen mich beklemmende Gefühle einer nahenden Welt, wo der Kampf um materielle Güter bedrohliche Ausmaße annehmen könnte zwischen jenen, die alles besitzen und der immer größer werdenden Zahl jener, die Nichts besitzen, weil ihnen selbst ihrer Hände Arbeit zum Überleben nicht reicht. So setzte ich mich in die S-Bahn und sprang am Treptower Park aus dem Ring, folgte dem Gepiepse der aufgeregten, immer hungrigen Spatzen am Wasser entlang, entdeckte neue mir

bisher unbekannte Facetten eines fast dörflichen Berlins, döste unter einem großen, vor drohendem Regen schützenden Baumdach ein und fühlte mich aufgehoben als würde ich auf einer kleinen strahlenden Wolke im Fluss der Zeit entschwinden.
Doch die Zeichen der Zeit, mein innerer Kompass zog mich hinaus aus der Großstadt, ich wollte endlich wieder laufen ohne Haken schlagen zu müssen, das Licht des Nordens loderte in mir. Über Alt-Tegel landete ich am frühen Abend dann in Henningsdorf an der Peripherie Berlins. Doch selbst der graue regenverhangene Himmel konnte die weißen Wolken auf meiner Zunge nicht vertreiben.

Herr Schufti sucht das Broiler-Land

Als Herr Schufti vor einigen Wochen seinen Enkel Mio nach seinem Lieblingsessen fragte und dieser mit funkelnden Augen lautstark "BROILER" antwortete, war Herr Schufti einerseits entsetzt, dass Mio kein gängiges Essen nannte, andererseits sah er das als Bekenntnis zu Mios Vize-Papa Jan an. So wollte Herr Schufti auf seiner Wanderung auf jeden Fall aber in den Genuss eines Broilers kommen und war davon überzeugt, nahezu an jeder Straßenecke von Broilern umschwärmt zu werden. Doch bis zum heutigen Tag war Herr Schufti weder an einer viel besuchten Straßenecke noch auf einer ausufernden Speisekarte einem Broiler begegnet. Daraufhin begann Herr Schufti zu recherchieren, in der Hoffnung dem Geheimnis des Broilers auf die Schliche zu kommen. So erfuhr Herr Schufti, dass Broiler in Ostdeutschland die übliche Bezeichnung für Brathuhn bzw. Brathähnchen gewesen war. So entwickelte bzw. züchtete in den 50er Jahren eine Bremer Firma ein besonders fleischreiches Huhn und verkaufte dies an eine amerikanische Großfirma. Sicher ist, dass über diese amerikanische Großfirma der Name "Broiler" in die DDR kam (von to broil = braten, grillen). Ende der 50er Jahre beschloss der Rat für gegenseitige Wirtschaftshilfe (RGW) diese Hühnerrasse von der amerikanischen Firma zu importieren. Dieser Import erfolgte, wohl aus politischen Gründen nicht direkt aus den USA, sondern über Bulgarien. Herr Schufti war entsetzt: Nicht nur der Name stammte vom Klassenfeind, sondern auch das Huhn respektive der Hahn selbst!
Der Broiler, oft auch der Goldbroiler, ist bzw. war ein Produkt der sozialistischen Esskultur. Der Broiler als historisch-epochales Produkt kann nach "www.naanoo.com" "von seinem Ruhm leider keine Lorbeeren ernten, da der Zweck des Broilers das Stillen des Hungergefühls beim Verzehrer ist."Ja du arme Sau bzw. Du armer Hahn bzw. Du armes Huhn! Was ist das für ein Leben - dem Hungrigen das Maul zu stopfen in dem Wissen, der Klassenfeind habe dich zum Tanzen gebracht."
In den schwimmenden Tränen, der Höhle im Magen wird Herr Schufti weiterhin dem Leben auf den Grund gehen, nach den viel besungenen Broilern seines Enkels suchen.

Oranienburg

Mittlerweile bin ich schon so weit, dass ich die Ortsnamen, die Daten vergesse. Doch diesen Ort vergesse ich nicht. Von Henningsdorf aus wollte ich zuerst den Fußweg nehmen, denn die Entfernungsangabe erschien mir ideal: 15km.....doch erinnerte ich mich meiner Erfahrungen mit Navi-Angaben Fußwege betreffend. So vertraute ich der tollen Radkarte des Landes Brandenburg und reihte mich auf diesem Weg ein. Flott ging es voran und als ich nach ca. 2 Stunden einen meines Erachtens doch überflüssigen Blick aufs Navi warf, sah ich, dass der Radweg nach Oranienburg insgesamt 22km lang war, also 50% länger als der Fußweg. Ich fluchte vor mich hin, schalt mich selbst wieder mal einen Narren. Doch für diese Erkenntnis schenkt mir kein Himmel ein neues ABC. Mein Ischiasnerv, der die letzten Tage schon mehrmals an seine Anwesenheit erinnert hatte, tanzte mit mir Tango Argentino, hautnah, sinnlich - zum Erbrechen nah. Plötzlich ohne jede Vorwarnung stand ich in der Erich-Mühsam-Straße. An einer Häuserwand hing eine Tafel, die daran erinnert, dass im Jahre 1934 Erich Mühsam im KZ Oranienburg von der SS brutal ermordet wurde. Unbewusst hatte mich mein Schritt diesen Weg geführt, mir das Leid sein schwarzes Gefieder gezeigt. So stolperte ich weiter zu meinem Nachtquartier und wähnte mich gut aufgehoben als hätten singende Engel die Welt errettet.

A day in the life

Was des Nachts begann, sollte sich des Tags fortsetzen: The pious bird of bad omen. Mitten in der Nacht erwachte ich. Ich spürte, dass da ein kleines vierbeiniges Etwas über meine Bettdecke, über meine Hand huschte:

IGITT!!!! EINE MAUS!!

Damit hatte ich nun wirklich nicht gerechnet und die Nacht und der Schlaf passten von diesem Augenblick an so gut zusammen wie Feuer und Wasser. Unausgeschlafen stolperte ich zum Frühstück, denn Herr Ischias spielte sich auf als wäre Aasgestank das Selbstverständlichste auf dieser Erde. Ich war bedient, doch der Tag begann ja erst. Als ich diesen ungastlichen Ort verließ, der nicht eben preisgünstig war - das Frühstück war gelinde gesagt eine Zumutung - meinte ich, der restliche Tag sei voller Sonnenlicht und Gitarrenklang.

Noch keine100 Meter zurück gelegt und die Ozeane des Himmels wüteten mit einer Inbrunst auf meinem Weg, dass ich mich wie ein altes Auto fühlte, auf das alle Insekten und vierbeinigen Lebewesen ihrer Notdurft sich entledigten. So machte ich mich auf den Weg nach Gransee, doch schon nach wenigen Kilometern knickte mein linkes Bein immer wieder gefühllos um und ich wusste aus leidvoller Erfahrung, dass dieser Zustand sich nicht von selbst wieder geben würde.

So schrumpfte meine kleine Welt und ich fand irgendwann auch einen Arzt, der mir empfahl, meine Tour abzubrechen, den restlichen Weg, wenn es denn sein müsse mit Bus und/oder Bahn zurück zu legen, denn das Gewicht des Rucksacks sei wohl das Problem. Es drücke stark auf den schon seit vielen Jahren angegriffenen vierten Lendenwirbel. Auf jeden Fall sei es mehr als angebracht, ein paar Tage Ruhepause einzulegen. Er hatte mein Kopfschütteln richtig interpretiert. Auf der Suche nach einem Quartier in Gransee wähnte ich mich in einer Geschichte Theodor Fontanes. Doch nur kurz! Die großen von Bäumen eingegrenzten Plätze, wo ich Pferdekutschen mit züchtig gekleideten Frauen von Rang und Namen entlang fahren sah, wurden immer wieder von dem Geklirre von Bierflaschen durchdröhnt, die Männer auf den Bänken inmitten des Platzes kreisen ließen.

Gransee war nicht der Ort, um an eine schnelle Rekonvaleszenz wenigstens zu denken. So quälte ich mich weiter, setzte meinen Weg fort.

Von der Pforte des Himmels in die Abgründe der Hölle

Fürstenberg an der Havel ist eine wunderschöne Stadt. Im Mittelalter gegründet, entlang einer in Nord-Süd-Richtung verlaufenden Fernhandelsstraße. Zwischen Schwedt- und Baalensee um 1300 gegründet sucht sich die Stadt heute einen Weg zwischen Tourismus und Handel.

Nach einem der Rekonvaleszenz geschuldeten ruhigen Vormittag hielt ich es denn doch nicht mehr aus und wollte Herrn Ischias testen, indem ich mir ein Fahrrad lieh und nach Himmelspfort fuhr, dem Ort, wohin Kinder ihre Weihnachtspost an das Christkind adressieren. Ein Weg zunächst über holpriges Kopfsteinpflaster führte mich durch sandige

Kiefernwälder und ich war mir nicht bewusst, dass das Frauen-KZ Ravensbrück so dicht daran lag. Ich wollte dem Ganzen keinen Raum einräumen und meinte, daran vorbei radeln zu können. Doch weit gefehlt: immer wieder Hinweise darauf, dass direkt neben dem KZ Ravensbrück das Mädchen und Jugend-KZ, späteres Vernichtungslager Uckermark angrenzt. Es wurde 1942 von den Häftlingen des Frauen-KZ Ravensbrück errichtet. 1945 "lebten" dort ca. 1000 Mädchen und junge Frauen. Ein Erlass von 1937 hatte die "vorbeugende Verbrechensbekämpfung" von als "asozial" kriminalisierten Mädchen möglich gemacht. Von Januar bis April 1945 wurden dort ca. 5000 Frauen umgebracht. Bis heute ist wenig über die Geschichte dieses KZ bekannt, was sehr traurig macht. Die dort Inhaftierten zählen bis heute zu den "vergessenen Verfolgten" des Nationalsozialismus und haben keine öffentliche Anerkennung erhalten. Es war das einzige Jugend-KZ im Deutschen Reich, ganz gezielt für Mädchen errichtet, die unsägliche Schmerzen, Misshandlungen und Torturen über sich ergehen lassen mussten. Die Leitung hatte die Kriminalrätin Lotte Toberentz. Sie wurde nach 1945 leitende Beamtin in der westdeutschen Kriminalpolizei. Eine bundesdeutsche Täter-Geschichte: Karriere machend, das Fähnchen nach dem gerade herrschenden Wind hängend! Um die Opfer scherte sich wieder mal kein Schwein! Nichts bis wenig ist von ihnen bekannt!
Stammt nicht unsere Kanzlerin aus der Uckermark? Was hat sie eigentlich zur Aufhellung derartiger Verbrechen an der Menschlichkeit beigetragen? Hat sie sich diesbezüglich engagiert? Oder bin ich jetzt einfach nur polemisch? So fuhr ich gen Himmelspfort und fragte mich unentwegt: Ist das jetzt Zufall, dass am Eingang zur Pforte des Himmels der Schlund der Holle sich auftat, war es berechnendes Kalkül der scham- und charakterlosen Naziverbrecher im unmittelbaren Umfeld eines solchen Ortes junge Mädchen und Frauen den Qualen einer unvorstellbaren Hölle auszusetzen? Die Pipelines der Qualen, der Vorhof bzw. das Herz aufgeschlitzter Tränen im ertrunkenen Klang der Liebeslieder aller Zeiten! Wir ertrinken im stählernen Licht der Zeit!

"Mich rühren die sandigen Wege/im alten sandigen Land./die Heckenrosengehege./Die Holderbüsche am Rand./.........

So beginnt Eva Strittmatters Gedicht "Mark", das mir auf meiner heutigen Fahrrad-Tour wider alle ischiastechnische Vernunft, an den Stechlinsee, in die Ortschaft Neu-Globsow, durch die Sinne zog. Denn es war ein Ausflug in und durch eine entlegene, ganz eigene Welt. Wunderschöne Wälder, alte, tollende Buchenbestände, die aussahen wie in einem Traum voller schwimmender Baumplaneten - jeder Baum sein ganz eigener Kosmos. Und Wasser, geschwängert aus den Urmeeren der Vorzeit.
Als ich mich mit dem Fahrrad auf den Weg machte, meinte ich geradeaus fahren zu können, doch ein permanentes Auf und Ab war angesagt. Keine steile Anhöhen galt es zu bewältigen, doch über hügeliges, sinnliches Gelände führte mich der Radweg, zahlreiche Büsche, Sträucher und Bäume, von tausenden Sonnen umwolkt, garnierten meinen Weg. Schmerzend unterwegs sah ich schlammige Wege, Kuppeln aus ausschweifenden Buchenkronen erbaut, Engel flogen um mich her als wollten sie die wenigen im Dickicht der Wälder vorhandenen tanzenden Blumen zum Beten veranlassen. Ich konnte Hans Fallada nur recht geben, der in seinen Jugenderinnerungen über diesen Landstrich geschrieben hatte:

"Einmal fuhren wir nach Neu-Globsow, das damals noch nicht von den Berlinern entdeckt, sondern ein in Wäldern verlorenes, von seinen früheren Bewohnern, Glasarbeitern, aufgegebenes Dorf war. Es lag ein wenig abseits vom Stechlin, ein enger fast verwachsener Waldweg führte zu ihm. Es war das Verlassenste, Einsamste, Schönste, was man sich nur denken konnte."

Aus heutiger Sicht konnte ich dem nur beipflichten!
So kam ich an am Stechlin, am Informationszentrum und war erstaunt, eine Ausstellung über Armin T. Wegener und seine Frau Lotte Landau vorzufinden, die dort in den 30er Jahren, weit weg vom "zivilisierten" Berlin sich niedergelassen hatten. Auch einer jener "vergessenen Dichter", die Jürgen Serke in seinem verdienstvollen Buch "Die verbrannten Dichter" beschrieben hat.
Ich fuhr hinunter an den See, setzte mich bei Fischer Böttcher an den Tisch, trank ein frisch gezapftes Bier und genoss eine Stechlin-Maräne, frisch gefangen am Morgen und wohlschmeckend mit Bratkartoffeln serviert. Im Stechlinsee tummeln sich auch die Fontane-Moränen, die es nur in diesem See gibt, aber aus Artenschutzgründen nicht auf der Speisekarte zu finden sind.
Das glasklare Wasser des Sees ist atemberaubend, ca. 10m tief ist die Sichtweite. Das Wasser zählt zu den saubersten Deutschlands, was an der Nährstoffarmut liegt. Algen haben hier wenig Chancen, die Fische wachsen langsam und manche Fischarten können hier nicht existieren.
Auf dem Rückweg meinte ich meine Wirbel krachen und kreischen zu hören. Mir tat der Rücken höllisch weh und ich nahm mir fest vor, morgen einfach nur auszuruhen, Ruhe zu geben. In meinem Quartier angekommen, sah mich meine sehr nette Vermieterin kreuzlahm und windschief in der Eingangstür stehen und kredenzte mir kurze Zeit darauf selbst gemachten Erdbeer- und Himbeerkuchen mit Kaffee, was ich mehr als dankend annahm und mir die Schmerzen leichter machte. Eva Strittmatter mit ihrem Mann Erwin jahrzehntelang in Schulzenhof, in direkter Nachbarschaft Neu-Globsows lebend, beendete ihr Gedicht "Mark":

"............der alten Felderraine/Die Gräser reden mir da/Von Zeiten, die waren noch nicht meine./Als ich das Früheste sah:/Die Gräser. Und hörte die Lerchen/Und roch dieser Sande Geruch./Seither schlepp ich diese Erde/Mit mir als Segen und Fluch./Ich muss diesen Sand verwandeln, /Bis er schmilzt und Wort wird in mir./Diese Erde lässt nicht mit sich handeln./Ich kommt nicht umsonst aus ihr." (aus: Eva Strittmatter „Sämtliche Gedichte" Aufbau-Verlag, Berlin 2006)

Herr Schufti lahmt

Und wie........was sich die letzten Tage so an fühlte, als wäre es ein vorübergehendes Schwächeln, hat sich vor allem heute sehr intensiv als heftiges Ischiasleiden herausgestellt.........wenn jeder noch so kleine Schritt Schmerzen verursacht, dann fühlt sich die sonst so runde Welt als viereckiges, quietschendes, in sich verwobenes und verschobenes Körperquartier an, in dessen Asche sich weiße Holzköpfe als Blutinseln im gezuckerten Weihnachtsgebäck erbrechen. Wohin soll Herr Schufti denn gehen, sich treiben lassen, wenn alles schmerzt, jeder Schritt ihn außer Atem kommen lässt, ihm Schmerztinte in die Augen treibt. Der Sommerwind schrie nach Märchen, trieb die Eiseskälte durch Wolken und Nacht, blies die Himmelspracht durch den Tag vor sich her, ein löchriges Segel aufgespannt wie vergrabene Engel in der Finsternis von Herrn Schuftis Träumen.
Eigentlich wollte Herr Schufti schon weiter auf seinem Wege sein, eigentlich ja........doch wie schrieb schon vor mehr als 20 Jahre John Lennon: " Leben ist das, was stattfindet, während du dabei bist, ganz andere Pläne zu machen!" Genau!!!

Herr Schufti fällt aus der Zeit

Seit mehr als sieben Wochen war Herr Schufti nun unterwegs. Er wollte in den Sommer hinein laufen, in eine Zeit ohne Stress und Hektik. Nun letzteres genoss er sehr, doch der Sommer glich eher einer löchrigen Regenzeit, die Wälder und Wiesen oft nur in Strichen sich zeigen ließ. Die Himmel glichen oft grauen Ungeheuern, mit Flügeln aus gefärbtem Beton, ohne Echo, nass gespritzt von bilderschluckenden Kratern in seiner Wahrnehmung. Buchenalleen von flammenden Springbrunnen getränkt, sattellose Reiter auf blauen Wolken Pirouetten tanzend. Keine Zeit war Herrn Schufti mehr geläufig, er hatte das Gefühl für Tage und Träume, für Stunden und grünende Sommergärten verloren, war sich selbst abhanden gekommen, ließ seine Augen durch die Landstriche streifen, sah Vögel im Abendwind sich wiegen, in den Hinterhöfen vermisste Heilige ums Eingemachte zocken. Es erschien ihm wie wenn Maria und Josef die Eintrittsgelder fürs Bahnhofsklo abkassieren, im Eismeer Whiskeyblut ausschwitzen und zur Musik von Akkordeon und Cello schlammtrunkene Propheten sich selbst massakrieren.

Herr Schufti war manchmal bis zur Besinnungslosigkeit davon erbaut wie erschreckt - und doch fühlte er sich wie ein Aborigine, der Computern vom Paradies erzählt. Herr Schufti wusste nicht mehr wie ihm geschah. Diese Zeit war ihm fremd, die Stille zum sauren Bier verkommen. Die Farben der Erde fuhren mit ihm auf Booten übers Land, kleideten sich für den neuen Tag!

Ruhen in der Frische des Sommers

So ein Ruhetag tut gut! Mehr oder weniger selbst verordnet, den Signalen des Körpers gehorchend. Erst Frühstück, nur eine kleine Ecke des Ortes erkunden, doch dann wieder in mein Zimmer zurück, ein paar isometrische Übungen dem rieselnden Kalk des Gehirns entlockt. Nun liege, sitze ich da, rede mit mir, singe dem Mond, der nicht zu Bett gehen will, mein Lied.

Wie lange ist das jetzt schon her, dass ich los lief? Wohin entschwunden sind die Tage, die Menschen, die ich traf, wo sind sie geblieben, die Wege, die ich zurück legte, die Kilometer? Wie bin ich durch die Landschaften geflogen, was hab ich gekeucht, geflucht, gesungen!

Diesen Sommer hatte ich mir in meinen Fantasien anders vorgestellt. Da gab es kleine Seen, Bachläufe, an denen ich Halt machen, ein erfrischendes Bad nehmen, unter schattigen Bäumen einen Mittagsschlaf halten wollte. Die Seen und Bachläufe entdeckte ich wohl, nur die Sonne war entweder voraus geeilt oder hinkte hinterher. Wenn das Wasser auf Erden sich zeigte, dann meinte der Himmel wohl zeigen zu müssen, dass er auch mit Wassern reichlich gesegnet war und schüttete im Übermaß, dass es mir aus Ohren und Augen troff. War die Sonne zugegen, dann gab es keine Seen, dann war da wenig Schatten, dann lief ich durch die gefühlten Savannen und brennenden Steppen Deutschlands.

Das Leben ist bekanntlich kein Wunschkonzert. Mir kommt es vor, dass die Tage und Jahre sich zeigen wie ein Pfau: mal bunt aufgereiht und gefächert, die volle Pracht entfaltend und dann grau und trist, brüchig wie so manche Häuserwand hier in den Nebenstraßen.

Es ist eine tolle, geschenkte Zeit die ich da erleben darf. Weit weg vom Alltag mit seinen Gewohnheiten, Pflichten. Sich selbst überlassen, seinem ganz eigenen Rhythmus der Zeit. Immer wieder staune ich, wenn ich irgendwo im Nirgendwo sitze und den Menschen in ihrem geschäftigen Treiben zuschaue, welche innere Ruhe ich verspüre, dieses Gefühl in mir trage, über alle Zeit der Welt zu verfügen. Da hör ich immer Hans-Eckard Wenzels Stimme in mir singen "Lasst uns verweilen diese Stunde, als hätten wir die Zeit. ...."

Ich hab sie, die Zeit!!!!

Manchmal möcht ich mich vorwärts träumen, möchte rückwärts wandern, um all das wahrzunehmen, was ich in meinem Rücken zurück ließ, welche Landschaft, welche Menschen.
Zu Fuß entdeckt man die Schönheit der Welt im Kleinen: einen kleinen Käfer, der geschäftig seiner Wege zieht, sein Tagwerk vollbringen muss, die kleinen Gräser, die ihr Haupt vor dem Winde neigen, den Gesang der Amseln, der Nachtigallen, den Regenbogen im Wassertropfen. Und manchmal komm ich mir vor wie ein Specht, der sein Loch in den Baum meiselt, so wie ich meine Schritte, einen nach dem andern, auf den Weg setze.
Ich weiß wieder viel mehr zu schätzen, welch tolle Erfindung ein Fahrrad, ein Pkw ist, wie bequem es ist, Entfernungen auf solch angenehme Art zurück zu legen. Auch wenn ich denke, dass das unserem Wesen nicht entspricht, dass wir an der Schnelllebigkeit kranken und irgendwann daran zu Grunde gehen müssen, weil wir nicht mitkommen können, weil wir nur noch Splitter, Fetzen vom Licht sehen, den Gesang des Lichtes gar nicht mehr vernehmen. Wir sind wie Fälschungen eines Gemäldes, in dessen Rahmen wir nicht mehr passen!

Matschepampen-Zeit

Die Sonne scheint, Wasser ist so nah und was lässt ein Kinderherz höher schlagen, ist genussvoller zu beobachten, als Kinder, die sich in dem Gemisch aus Sand, Lehm und Wasser suhlen, sich in ihrer selbst gestrickten Matschepampe ungehemmter Lebensfreude hingeben.
Wie herrlich das ist! Die beste Schule der Sinne ist eben doch die Natur. Wenn Kinder in der freien Natur sich austoben können, Raum finden, sich zu bewegen, sich entfalten können. Kinder benötigen keine komplizierten technischen Gerätschaften, keine sauberen, adretten Spielchen.
Sand, Wasser, Lehm und Sonne sind die Baustoffe kindlicher Freude, kindlichen Erlebens und wenn die Sonne scheint, dann hört man allenthalben die Freudenschreie kindlicher Lust : "Mama, Papa, komm lass uns Matschepampe machen!"
Ein lustiges, sinnenfrohes Kinderleben, bis die Kleinen abends todmüde im Bett versinken. Kinder kennen keine Furcht, sie betreten fremde Sterne wie unsereins ein unbekanntes Lokal.

Der Ischiasnerv und das Meer

An was hatte ich nicht alles gedacht: dass die Riemen des Rucksacks reißen könnten, dass ich von Millionen von Mücken und Stechfliegen heimtückisch überfallen werden könnte, dass mir die Sonne ein Loch in die Birne brennen könnte und und und - aber daran hatte ich wirklich nicht gedacht, dass mir mein Ischiasnerv derartig zusetzen könnte.
Wie eine miese kräftige Schlange wartet er nur darauf, dass ich das linke Bein in Bewegung setze und schon beißt sie zu, windet sich von der Pobacke abwärts am Bein entlang und wieder hinauf, hinab.......jeder Schritt schmerzt und alles, was um mich herum geschieht, ist bedeutungslos: die Schönheit der Landschaft, das herrliche Wetter - eine zerschrammte Nebenerscheinung.
All das mündet in einen Abfallcontainer - wie wenn man leer getrunkene Flaschen, wo der Rest Alkohol noch einen schalen Geruch verbreitet, in den Container wirft. Schmerzen sind der Tsunami der Wahrnehmung - alles schwindet, alles wird verschlungen.
So suchte ich heute Morgen einen Arzt auf - Allgemeinarzt, Naturheilverfahren, Chiropraktik.......klang gut!

Als ich die Praxis betrat, war ich zunächst etwas überrascht. Direkt um den Empfangstresen herum war das Wartezimmer drapiert. Im Halbkreis standen die Stühle um die beiden eifrigen Helferinnen des Arztes, die telefonierten, Termine besprachen und so manch medizinisches Interna von anwesenden Patienten wurde ohne falsche Scham lautstark verkündet: "Seit einem Jahr will ich, dass du morgens mal nüchtern zur Blutabnahme rüberkommst. Du schaffst das einfach nicht. Bist du denn nie nüchtern?" Ich fühlte mich sofort wohl!

Eine stimmungsvolle gute Atmosphäre verbreiteten die beiden Damen. Die eine, eine resolute, stämmige Mittsechzigerin, mit dem Herzen auf der Zunge. Die andere, eine blondgelockte, zarte, fast schüchtern zu nennende junge Frau von Ende 20.

Der Arzt, ein salopper, sympathischer Typ in Jeans und T-Shirt, fragte mit welchem Problem ich denn zu ihm käme, hörte mir zu, stellte gezielt Fragen und machte sich ans Werk. Er versuchte mein Skelett wieder einzurenken, wendete die Reizstromtherapie ein, gab mir eine Probepackung eines neuartigen Schmerzmittels, das ich sehr dankbar entgegen nahm und seine Assistentin verpasste mir noch eine Therapie, wo kleine Nädelchen die Haut aufpieksen und dann mit einer Kräutertinktur eingerieben wurde ("die Kräuter sammelt und mischt unser Herr Doktor immer selbst!").

Am nächsten Tag solle ich noch einmal wieder kommen. Sollte bis dahin keine wesentliche Besserung eingetreten sein, müsse man sinnvollerweise ein MRT machen, es könne durchaus auch ein Bandscheibenvorfall vorliegen, so der Arzt.

Ans Meer! Herr Schufti und ich wollten und wollen doch unbedingt ans Meer. Genauer an und in die Ostsee, nach Hiddensee, dieser besonderen Insel, die ich einmal im letzten Sommer besucht hatte und sie "ein wunderschön flutendes Gedicht in den zärtlichen Pranken der Ostsee" genannt hatte.

Schufti und ich wollen dorthin. Wir werden übers Meer kommen, nicht zu Fuß, wir nehmen sinnvollerweise die Fähre, suchen eine Herberge, die schwer zu finden ist um diese Jahreszeit, vor allem dann, wenn man erst kurzfristig weiß, wann man ankommt. Wir suchen Salz und Wind, Ruhe, Erholung, Entspannung, bringen einen sanften Anstrich aus sprachlicher Farbe mit, bunt wie das Leben, aus der Palette der Sterne getränkt.

"Das geht sein'n sozialistischen Gang!"

Der nächste Morgen begann mit Schmerzen. Im trauten Verein mit ihnen traf ich bei meinem sympathischen Arzt und seinen Mitstreiterinnen ein, die mir einen anschließenden Termin zum MRT in der Innenstadt ausmachten. Dort angekommen in einem prallvollen Wartezimmer überreichte mir eine die Türschwelle ausfüllende Chefin des Rings zwei Fragebögen, die ich während der Wartezeit ausfüllen sollte. Schon nach kurzer Zeit wurde ich aufgerufen, was mich ebenso erfreute wie verwunderte. Die im Wartezimmer Anwesenden ebenso. Naja sie waren wohl nur verwundert!

Die freundlich-bestimmte Chefin erzählte mir, ebenso einer am Telefon hörenden Kollegin, dass zum einen die PCs herunter zu fahren seien, weil das System zusammen gebrochen sei wie auch nahezu alle Geräte der orthopädischen Praxis. Munter berichtete sie, dass die im Wartezimmer mit ihren beiden kleinen Kindern sich befindende Frau, trotz schon längerer Wartezeit sich nicht mokiert habe. Ursache hierfür sei wohl die Tatsache, dass sie ihr beim letzten Mal wegen Meckerns trotz kurzem Wartens gehörig den Marsch geblasen habe.

"Ach Mädchen, da müssen wir jetzt durch, dass nichts mehr geht, dass wir den Großteil wieder heimschicken müssen. Das ist halt nicht zu ändern. Das geht sein'n sozialistischen Gang. Das kennen wir doch noch aus unserem früheren Leben."

Diese Aussage weckte in mir Erinnerungen an Wolf Biermanns legendäres Kölner-Konzert, das ihm dann die Ausweisung aus der DDR eingebracht hatte. Die LP mit eben jenem Titel habe ich immer noch zu Hause in meiner Plattensammlung. Bevor die Lady mich in die Röhre schob, schwärmte sie mir noch von einer LP der Puhdys vor, auf der sie für damalige Verhältnisse sensationelle Rockmusik spielten, die es nur im Intershop zu kaufen gab und somit für DDR-Bürger unerschwinglich war.

Als ich nach meinem beklemmenden Ausflug in die Röhre wieder im Wartezimmer Platz nahm, erfuhr ich, dass diese zahlreichen aus Ziegel erbauten Siedlungshäuschen in unmittelbarer Nachbarschaft der Praxis, aus der Nazizeit stammten, da sich hier ein großes Munitionslager befunden habe. "Der Adolf hat halt was für seine Leut getan", so der Kommentar eines der Anwesenden, den niemand kommentieren mochte. Eine Frau erwähnte, dass nach der Wende die Bewohner dieser Häuschen ein Vorkaufsrecht hatten und Haus mit Gartengrundstück für 10 000 DM erwerben konnten, was aus heutiger Sicht ein Schnäppchen sei. Schön, endlich mal eine positive Wendenachricht zu vernehmen, nach all den Treuhand-Vergehen.

Dann wurde ich zum Orthopäden durch gewunken, der mir ebenso knapp wie präzise erläuterte, dass ich keinen Bandscheibenvorfall hätte, was für mich zunächst die schönste aller Nachrichten war. Das was auf dem Bild zu sehen sei, seien altersbedingte Abnutzungserscheinungen. Dass ich trotz alledem schlimme Schmerzen habe, obwohl ich Schmerzmittel einnähme, seien für ihn ernst zu nehmende Überlastungssymptome und ich solle mir gründlich überlegen, meine Wandertour abzubrechen bzw. abzukürzen, wozu er mir wirklich dringend rate. Sollte ich dies nicht tun, wäre es durchaus möglich, dass mein linkes Bein für immer gefühllos bleiben könne.

Gut gelaunt holte ich meinen Rucksack in meiner Unterkunft ab und begab mich auf den Weg nach Malchin, denn Waren war mir zu laut, voller Menschen gewesen und ich wollte nichts wie weg. Da ein Weiterlaufen auf Grund meiner Schmerzen immer noch nicht möglich war, alle 50 - 100m musste ich mich setzen, fuhr ich des ärztlichen Anratens gedenkend mit dem Linienbus in das ca. 25 km entfernte Malchin, der Stadt zwischen den zwei Seen, in der Mecklenburgischen Schweiz zwischen dem Malchiner und dem Kummerower-See gelegen. Die Schmerzen hatten sich irgendwie in allen Zellen des Körpers festgesetzt und setzten mir massiv zu.

Wirf deine Knochen weg, ersetze sie durch Gummiteile. Die schmerzen nicht beim Gehen, die 'passen sich einander an, die knirschen nicht, lassen dich nicht alle 50 Meter in die Knie gehen, treiben dich nicht in den Sog des schwarzen Gefieders, der schlammdurchtränkten Sirenen.

Los, setz dich hin und denk nach, gib deinen Schmerzen, deinen Knochen Rede- und Stimmrecht, schließe sie nicht aus deinem Denken aus. Ohne sie bist du ein hilfloser Batzen Fleisch, der in sich zusammenfällt.

Wirf ihn weg deinen Kopf, knall ihn auf die Erde, dass die Gedanken darin zu Mus werden, dass die einzelnen Wörter sich neu aneinander fügen können, grad wie es ihnen beliebt. Lass den Wind neue Gedanken erfinden, lass ihn spielen mit den Gedankenfetzen, lass den Regen sie tränken, lass sie grünen, wachsen und lächel sie an, hör endlich auf an Vernunft zu glauben!

Herr Schufti und die Endlichkeit des Lebens

Beim Frühstück in M. erzählte Herrn Schuftis Zimmervermieterin aus ihrem Leben. Wie viele ihrer Gäste, ihrer Nachbarn, ihrer Bekannten so plötzlich aus dem Leben scheiden mussten. So z. B. Frau P. aus dem Allgäu, die kurz nach ihrer Scheidung, sich hier in M. ein Haus gekauft hatte und am Vorabend ihres Umzuges auf den Umzugskisten sitzend einen Schlaganfall erlitt.

Oder der Vater von Frau T., Rettungssanitäter von Beruf, der innerhalb weniger Stunden zwei Herzinfarkte erlitt.
Oder die 16jaehrige Schülerin, die an Leukämie erkrankte. Innerhalb kurzer Zeit solidarisierte sich die ganze Stadt, in den Fabriken standen die Bänder still und nahezu alle Einwohner marschierten zur Knochenmarkspende, die komplette Schule sammelte durch diverse Aktionen Geld, um zu helfen. Doch leider umsonst!
Herr Schufti fand keinen Trost, fragte sich, welchen Sinn solche Schicksale wohl haben sollten, denn Krankheit, Tod, Armut und sinnloses Sterben springen durch den Tag und die Nacht ins Dickicht! Oder die Nachbarn: einen ungesunden Lebensstil pflegten sie, erzählte sie Herrn Schufti eine Zigarette nach der anderen rauchend und Herr Schufti hoffte, dass sie jetzt baldmöglichst doch ihren täglichen Verpflichtungen nachkommen müsse.
Doch das Frühstück war noch nicht zu Ende, gleichwohl Herr Schufti seine Tasse und seinen Teller schon länger zur Seite gestellt hatte. Sie, deren Vater von allen anerkannter Rettungssanitäter gewesen war, entführte Herr Schufti in die Geheimnisse der Gesundheitsprävention.
Die Senkung der Leukämierate würde praktisch gegen Null gehen, wenn sich unsere Regierung endlich dazu bewegte, das Blut der Neugeborenen zu untersuchen und zu katalogisieren, Das hierfür notwendige Blut findet sich in der Nabelschnur jedes Neugeborenen, erfuhr Herr Schufti staunend.
Tschernobyl sei für fast alle Arten von Krebs verantwortlich. Lungenkrebs komme definitiv nicht vom Zigaretten rauchen, erzählte sie Herrn Schufti einen kräftigen Zug inhalierend, sondern von den Abgasen der Autos und Kraftwerke. Als Herr Schufti fast verzweifelt über solches Faktenwissen auf seine Uhr blickte, entschuldigte sich Frau T. für ihre Geschwätzigkeit und Herr Schufti machte sich auf und davon!

Naschend vom Baum der Erkenntnis

Es ist immer wieder erstaunlich, wie sich bestimmte Dinge und Vorhaben in den feinsten Verästelungen und Verzweigungen des Gehirns festsetzen. Seit Beginn meiner Planungen für diese Wanderung war es immer klar gewesen, das ich von Schaprode/Rügen aus mit der Fähre nach Hiddensee übersetzen würde. Auf eine andere Idee bin ich nie gekommen. Nun ist es leider so, dass ich trotz der Schmerzmittel, die ich einnehme, immer noch starke Schmerzen beim Gehen verspüre, selbst ohne Rucksack. Am gestrigen Nachmittag rief mich nun auch noch der nette Arzt aus Waren an. Er hatte den Befund des Orthopäden erhalten und wies mich nochmal eindringlich darauf hin, dass ich doch bitte meiner Gesundheit zuliebe meine Wanderung wenn schon nicht ganz aufgeben so aber doch bitte deutlich reduzieren und nicht mit dem Kopf durch die Wand rennen solle.
Auch mein Körper sendete seine unüberhörbaren Signale aus, sagte: "Junge, es ist Zeit, ich kann nicht mehr, will nicht mehr. Schau, dass du das Ziel schnellst möglichst erreichst!" So überlegte ich hin und her, wie ich das bewerkstelligen könne.
Die Früchte am Baum der Erkenntnis reifen bekanntlich langsam - zumindest bei mir. Sie hängen vor mir, es sind keine Tantalus-Qualen. Ich muss nur nach ihnen greifen, doch dauert das manchmal seine Zeit, weil ich sie nicht sehe bzw. sie wohl einfach nicht sehen will. Doch plötzlich fiel es mir wie Schuppen von den Augen. Ich musste doch gar nicht Rügen durchqueren, um nach Hiddensee zu gelangen. Von Stralsund aus ging doch auch eine Fähre nach Hiddensee. JA GENAU! So greife ich nach der süßen wohlschmeckenden Frucht des biblischen Erkenntnisbaumes und nasche, nasche voller Genuss und Freude. Diese Fähre von Stralsund aus, genau die werde ich nehmen!

Wanderer kommst du nach Demmin

Ein Zimmer wollte ich haben, einfach ein Dach überm Kopf, wie all die Tage vorher. Sauber sollte es sein, meinen Rucksack, diesen mittlerweile zum Plagegeist mutierten Kleider- und Medizinschrank meiner Reise, wollte ich in die Ecke stellen können. Ein Bett darin, wo ich meine lahmen Knochen, meinen krummen Rücken ausstrecken konnte. Der Bus fuhr durch die verschlafenen, schmucken Orte der Mecklenburgischen Seenplatte, sie huschten schemenhaft vorüber und wie ein kleines Kind drückte ich mir die Nase an der Fensterscheibe platt, weil mir nichts entgehen sollte. Was hätte ich gegeben, wenn ich das alles zu Fuß hätte durchwandern können. Traurig war ich, dass ich in einem Bus sitzen musste und nicht die Luft, die Atmosphäre dieser Dörfer, Städtchen und Landschaften einatmen, in mich aufnehmen konnte. Keinen Blick um die Ecke, kein spontanes Stehenbleiben, Hinsetzen am Straßenrand, kein rascher Blick durch offene Fensterscheiben in die Stuben fremde Leute, kein Blick in das Dekolleté mecklenburgischer Orte waren mir vergönnt. Wie von der Welt abgeschnitten fühlte ich mich, die Landschaften huschten vorüber, wie Szenen in einem Film, der auf einer riesigen Leinwand dargeboten wurde. Mir wurde bewusst, welches Glück ich all die Wochen vorher hatte, als ich gesund und munter durch die Lande ziehen konnte.

Von Malchin fuhr der Bus über Dargun. Was hatte mir meine Weltversteherin am Frühstückstisch noch mit auf den Weg gegeben: " Dargun ist sehr schön, doch Demmin ist gar nichts!" Mit Dargun hatte sie Recht behalten, Demmin stand mir noch bevor, der nahezu menschenleere Bus fuhr gerade zu seiner Endstation "Demmin ZOB".

Jetzt ein Zimmer. Ich hatte schon vorher immer wieder ein nahezu neues Hinweisschild bemerkt "Pension ....". Als die Entfernungsangabe nur noch 200m lautete, ging ich schnurstracks dorthin. Der äußere Eindruck war nicht eben berauschend. Die Tür war verschlossen, ich rief an. 30€ mit Frühstück koste das Zimmer. Ich sagte auf Grund meiner Schmerzen sofort zu, ich wollte einfach nur ein Zimmer. Der Vermieter kam angeradelt, zeigte mir Haus, Bad und Zimmer, was mir völlig gleichgültig war. Schlüssel her, Tür zu und ich versank im Sessel und nahm eine Tablette ein. Als ich mich so langsam umschaute, den Zustand des Zimmers, der sanitären Anlagen betrachtete, zog ein leichtes, eher mittelschweres Schaudern über meinen Rücken und ich fühlte mich an eine Türkei-Reise zu Beginn der 70er Jahre erinnert, wo Flöhe und Wanzen Schafkopf auf den Betten spielten. Nein, so schlimm wie damals war es nun wirklich nicht, Waschbecken wie Bettzeug hatten aber seit Monaten keinen Wassertropfen mehr ab gekriegt. So beschloss ich die Nacht in meinem Schlafsack zu verbringen und mir des Morgens nur die Zähne zu putzen. Auch beschloss ich keine Minute länger als unbedingt notwendig in diesem Etablissement zu verbringen.

Nachdem die eingenommenen Schmerzmittel Wirkung zeigten, machte ich mich auf den Weg in die Stadt, der sich auf Grund meiner zahlreichen Besuche der Ruhebänke in die Länge zog. Nun Demmin hat durchaus sehenswerte, schöne Ecken und ein schwarzes Schaf kann und darf keine ganze Stadt verunglimpfen. Abends erstand ich eine Pizza und gönnte mir angesichts einer vermutlich schlaflosen Nacht einige Gläser Chianti. Als ich morgens erwachte (die Investition in Chianti hatte sich gut gelohnt), meine Katzenwäsche sich schnell erledigt hatte, war ich heilfroh endlich wieder hinauszukommen. Doch ich hatte ja noch Frühstück bestellt! Um es kurz zu machen. Die Qualität des Zimmers war der des Frühstücks ebenbürtig! Ich atmete frei auf als ich das Haus verließ und mich zum Bahnhof begab, obwohl der Zug nach Stralsund erst zwei Stunden später ging.

***Am Abend in Stralsund*:** Morgen früh krall ich mir die Fähre nach Hiddensee!

Und der Wind treibt durch Welten
Auf nassen Sohlen
Wochenlang
Durchs weite Land geschwommen
Blasen an Zehen, dürstende Kehle
Landschaften voller Wunder
In treuer Sehnsucht verwoben
Einen eigenen Lauf durch die unbekannte Welt erkundet
Dem blauen Gesang des Himmels gelauscht
Das Licht der Sonne, den Atem des Regens auf der Haut gespürt

Und der Wind weht durch Welten
Manchmal im Bett geschwommen
Die Schwerkraft der Schattenwelt erkundet

Und immer wehte der Wind

Mal färbte mich der Sonne Staub
Mal heulte das Herz der Erde durch mich hindurch
Der Wind trieb mich bis ans Meer
An die östliche See
Darf ich zum Tanz bitten
Salzig ist dein Lied und unendlich
Zieh dir dein Festkleid an zum Tanz
Das Leben ist schön

Stralsund - Hiddensee

Am frühen Morgen war ich der erste beim Frühstück, packte meinen Rucksack und lief gemütlich zum Fährhafen. Dort herrschte schon reges Treiben. Aufgeregte Eltern mit ihren nölenden Kleinkindern, seligen Großeltern und unzähligen Koffern. Taschen, Kinderwägen, Fahrrädern......was man halt alles so braucht für einen jahrelangen Aufenthalt auf der Insel. Ich setzte mich auf eine Bank, war ganz in mich versunken, in mich gekehrt. Ein stilles unendlich schönes Gefühl machte sich in mir breit. Nun war ich so gut wie da. Nur noch einsteigen, dem Meer vertrauen.

Bilder meiner Wanderung tauchten in mir auf, Geschichten zogen an mir vorbei, mondsüchtige Augen im Morgenlicht, Ströme aus Schlamm, driftendes Wohnungsmobiliar, Schlickwasser, mäandernde Seufzer in gleißendem Sonnenlicht, kichernde Elfen im Sumpfwald.

Ich freute mich meines kleinen Glücks, freute mich, dass mein kleiner Plan nahezu aufgegangen war, ich mir ein winziges Stück der runden Welt erobert hatte. Möwen stürzten hernieder, pickten sich Brösel vom Wasser auf, der Himmel lachte mir zu und die Glocken Stralsunds läuteten. In meinem Kopf herrschte Stillstand, die Sterne blinkten in mir, mp3-Player von vorbei laufenden Jugendlichen sandten krächzende Töne in den noch taufrischen

Morgen. Kleine freche Köter strichen um mich herum. Der Sommer war in der Stadt, ein schlafendes Meer lag mir zu Füßen, glitzerte mich an wie schillerndes Eis aus Grönland. Ein Rauschen, ein Dröhnen, ein Tanzen, ein Sehnen. Ich war gerührt, als wär ich der erste Mensch, der in einer Höhle farbige Geschichten an die Wand zauberte. Wohin geht meine Reise? Als die heiß erwartete Fähre am Stralsunder Hafen anlegte, ein Pulk von Menschen erst mal aussteigen musste, gab es ein großes Gedränge, als würden nur die ersten 50 Menschen mitgenommen.

Dabei fasst dieses Schiff 400 Personen. Mich zog es ans Oberdeck, fand Platz neben einer gehbehinderten sympathischen Frau, deren graues Haar wie eine Silberplatte in der Sonne glänzte. Schnell kamen wir ins Gespräch und sie erzählte mir von diesem ihrem Wochenendausflug von Berlin her. In Stralsund war sie über Nacht geblieben, nun fuhr sie mit nach Kloster auf Hiddensee, von dort am Abend wieder zurück, um dann am nächsten Morgen wieder heim nach Berlin zu müssen. Müssen? Ja, so drückte sie sich aus. Sie hatte das alles Hals über Kopf gemacht. Das Angebot gesehen, gebucht und weg. Sollten die zu Hause doch machen, was sie wollten!

Ich schwieg dazu, wollte nicht neugierig nachfragen. Im Laufe der Zeit erzählte sie mir von ihren Reisen, von Kreuzfahrten nach Spitzbergen, in die Karibik, nach Afrika. Sie könne zwar nicht mehr richtig gehen, doch reisen ginge gut! Der Rhythmus des Wassers trug uns über das Meer und in Kloster verabschiedeten wir uns, wünschten einander eine gute Zeit.

Nun war ich endgültig an meinem Ziel angelangt. Vor genau zwei Monaten war ich von zu Hause aus los gelaufen, voller Spannung und Neugier. Freude machte sich in mir breit, hielt mir den Mund zu, machte mir Augen und Ohren auf. Ich atmete tief ein, roch die süßen Düfte der Insel, das Salz der Gräser strömte mir in Herz und Sinne, der Wind malte mir bunte Segel in die Haut, ein Stück Himmelspracht war in mir.

Hiddensee

In Grieben angekommen, mich eingewöhnt in den Tagesablauf, abends klebte mir der Schlaf die Augen zu, denn der stürmische Wind trieb mir Federn aus meinem bunten Gefieder. Ich träumte mich des Tages in die tosenden Wellen am Strand von Neuendorf, den ich mit dem Fahrrad erreichte. Wow! War das ein brausender Wind, fast keine Menschenseele stemmte sich Wind und Wellen entgegen.

Die Sonne hatte sich Sonntagsruhe verordnet, war mit ihrem Gefährten Mond und den Sternenkindern auf Wochenendausflug, vermutllich in einer gemütlichen Dorfkneipe eingekehrt, wo sich die Fische in der Pfanne stritten, ihr kredenzt zu werden.

Die Schwalben flogen im Sturzflug unter den Dachfirst, um sich in ihren Nestern zu wärmen, nur die Möwen standen im Wind und blickten erstaunt auf die Menschlinge, die sich von einem Tag auf den anderen eingemümmelt hatten in Anoraks, Fleecejacken, Mützen, dicken Schals und Kopftüchern.

Der Inselsommer hatte keine Pause gemacht, sondern verschnaufte einfach in aller Ruhe. Wer kann denn immer mit voller Power sein Geschäft verrichten? Hinter diesem Wind träumen Märchen, dichter Rauch steigt auf, kündet übermütig von vollen Fischernetzen.

Der Staub zerfällt in den Augen, der Traum zieht mit den Wellen hinaus aufs Meer, um morgen wiederzukehren, um sich neu erfinden zu lassen, denn die Bilder strömen mit den Wassertropfen herein, bringen Hühnergötter und Bernsteinkönige mit sich. Die Klänge der Bäume, zahllose Gräser und bunte Wiesenblumen erklimmen ungeahnte Höhen. In mir tanzt der Frühling, der Sommer, ein Kalender voller Wärme und Licht.

Herr Schufti und das Fallbeil der Zeit

Eigentlich wollte Herr Schufti am Spätnachmittag nur in den kleinen schnuckeligen Dorfladen in Grieben gehen, um sich für den nächsten Morgen frisch gebackene Brötchen zu bestellen. Dieser Laden ist Einkaufszentrum für das kleine Dorf, Fahrradvermietung, Bäckerei, Touristeninfo – alles in einem!

Als er eintrat, war der Inhaber gerade dabei einem älteren Paar die Rechnung für zwei gemietete Fahrräder zu erstellen. Sie, Anfang 70, grauhaarig, immer noch attraktiv und er wohl ebenso alt. Sie hatte sowohl ein 3-Gang-Rad wie auch ein 7-Gang-Rad gemietet, was ihm aber sauer aufstieß. Das 7-Gang-Rad war für ihn gedacht, wie sich aus dem hitzigen Gespräch zwischen den beiden entnehmen ließ. "Du wirst doch nicht glauben, dass ich hier auf dem flachen Hiddensee ein 7-Gang-Rad brauche? Was glaubst du denn, ich bin doch kein alter Daddergreis?"

Voller Sorge erwiderte sie: "Du musst doch aber......!"

"Gar nichts muss ich, ich bin doch kein Kleinkind, dem permanent Vorschriften gemacht werden müssen, was ich zu tun oder zu lassen habe!"

"Dann nehm ich eben das 7-Gang-Rad und du kannst das andere Fahrrad haben."

"Nein, das will ich nicht. Du wolltest doch unbedingt ein 3-Gang-Rad haben, dann nimm es auch!" Der Ladeninhaber versuchte vermittelnd einzugreifen: "Wir können das alles ändern. Sie können gerne zwei 3-Gang-Räder oder aber auch zwei 7-Gang-Räder haben." Keiner der beiden antwortete. Sie standen nebeneinander, blickten schweigend in unterschiedliche Richtungen. Der Ladenbesitzer und Ehetherapeut blickte fragend in Herrn Schuftis Richtung, worauf dieser geduldig antwortete: "Verarzten Sie ruhig erst mal die beiden Herrschaften. Ich habe Zeit, ich kann ruhig warten."

Die beiden standen mittlerweile vor der Tür des Ladens, diesmal Rücken an Rücken, immer noch schweigend, hilflos wie zwei kleine Kinder, die sich nicht darauf einigen können, mit welchem Spielzeug jetzt gespielt wird.

Es dauerte eine Minute, zwei Minuten. Nun wandte sich der Geschäftsinhaber Herrn Schufti zu und meinte: "Das kann noch dauern." Herr Schufti wollte den beiden älteren Herrschaften zurufen: "Nun hört doch endlich auf mit eurem Pippifax. Seht ihr denn nicht das Damoklesschwert über euch. Das Fallbeil der Zeit nähert sich euch unaufhaltsam! Nutzt eure Zeit, genießt sie!" Doch Herr Schufti sagte nichts, orderte seine Brötchen für den nächsten Morgen, grüßte und ging seines Wegs.

Palucca-Tanzabend

Nach einem ruhigen entspannten Tag, den ich mit Lesen, Strandbesuch und Relaxen verbrachte, zog es mich abends in die Inselkirche von Kloster. Dort wurde die Palucca-Tanzwoche eröffnet. Gret Palucca, so hab ich mich schlau gemacht, war eine der herausragenden Tänzerinnen des modernen Ausdruckstanzes, den sie geprägt wie entwickelt hatte. Weg vom klassischen Ballett hatte sie einen ihr gemäße freiere tänzerische Ausdrucksform gesucht und gefunden. Die Kirche war völlig überfüllt und ich konnte hinten in der letzten Reihe noch einen der raren Sitzplätze ergattern. Ich war sehr gespannt, denn vom Tanzen habe ich wenig bis keine Ahnung. Mit 16 Jahren hatte ich einmal einen Tanzkurs absolviert, doch seitdem nur äußerst selten die Standards geübt. Das ist nicht mein Ding, mich zu vorgeschriebenen Tanzschritten zu bewegen. Wenn, dann gehöre ich zu den Mitgliedern der Freestyle-Fraktion. Nach einer Begrüßung durch den Ortsgeistlichen, ging es los. Von der Empore herab kamen die jungen Tänzerinnen und Tänzer der Palucca-Hochschule für Tanz aus Dresden. Rhythmisch klatschend, ihre Hände, ihren ganzen Körper einsetzend, bewegten sie sich auf den Altarraum zu. Es sah für mich zunächst aus wie zuckende Bewegungen von

Marionetten, von computergesteuerten Robotern, wäre da nicht dieses Klatschen wie auch die rhythmische Musik, die von der Empore herab live gespielt wurde. Es war ein harmonisches, gegenseitig inspirierendes Tanzen, das mir mit zunehmender Dauer immer besser gefiel. Was anfänglich wie zufälliges Aktion-Reaktion-Tanzen aussah, gipfelte zum Schluss in einem harmonischen, vielfältigen Finale Furioso und der lang anhaltende begeisterte Beifall der Zuschauer sprach Bände. Es war ein bereichernder großartiger Abend, den ich dann in meiner Klause bei Rotwein ausklingen ließ.

Ein streunender einäugiger Sommertag

Das Fahrrad trug mich morgens durch die Inselorte, die wie Perlen auf einer Schnur aufgereiht liegen. Grieben, Kloster, Vitte, Neuendorf. Dort packte ich mein Badetuch aus und legte mich in die Sonne, das Wasser der Ostsee lockte mich hinein. Oh, war das im ersten Augenblick frisch, doch nach einer Minute gab es keine Chance mehr, die tosenden Wellen, die der Wind voller Freude ans Land trieb, hatten mich nass gespritzt, ich tauchte hinein, fühlte mich wie ein tief gefrorener Fisch in der Eistheke des Supermarktes. Doch dieses Gefühl wich bald einer angenehmen Wohligkeit und ich schwamm ein Stück hinaus. Doch dann war es genug der Erfrischung und ich aalte mich im warmen Sand, drehte mich hin und her, nahm meinen mitgebrachten Hiddensee-Krimi aus der Tasche und vertiefte mich darin. Ich mag das: Krimis oder Erzählungen zu lesen, die vor Ort spielen, die Landschaften, Orte zum Inhalt haben, wo man sich gerade aufhält. Doch am frühen Nachmittag wich die Sonne den Wolken.

Ich begab mich zum Hafen, gönnte mir ein Backfischbrötchen mit Bier und fuhr gemütlich wieder auf der Perlenschnur zurück in mein Zimmer, wo ich mich duschte und dem Abend entgegen sah.

In der Inselkirche war ein Konzert mit Barbara Thalheim angesagt, einer bekannten Liedermacherin, deren Name mir wohl etwas sagte, doch hatte ich kein Lied von ihr, keine Musik im Ohr. So war ich sehr gespannt und die lange Warteschlange vor der Kirchentür hieß mir, dass sie nach wie vor wohl einen wohlklingenden Namen hat.

Nach der Begrüßung durch den Inselgeistlichen trat eine grauhaarige Frau, Mitte 60, mit kurz gelockten Haaren ans Mikrofon und schritt durch die Kirchenbänke um den Abend einzustimmen. Ihr melodisches, gekonntes Gitarrenspiel passte meines Erachtens nicht immer zu den sperrigen Texten, die mir sehr deutlich zeigten, dass ich da durch meine West-Sozialisation gar manches nicht verstand. Die Sängerin und Autorin, so mein Eindruck, war eine zerrissene Persönlichkeit, die einen Stachel in sich trug. Ihre Lieder sangen von Sehnsucht und nicht vorhandener Heimat, vom Ankommen wollen und nicht Ankommen können, vom Alleinsein, von der Familie, von alten Zeiten in der DDR, auf Hiddensee. Es war eine Reise von der Gegenwart in die Vergangenheit, von dort in eine Zukunft, die alles und nichts verhieß.

Es war das erste Mal auf meiner Wanderung durch den Osten Deutschlands, dass ich mich fremd fühlte und das Gefühl hatte, einäugig die Welt zu sehen bzw. auch, einäugige Lieder zu hören.

Gleitflug über die Insel

+ Neuendorf

Stille Nachricht an den Sommer. Hier ist er zu Hause, malt bunte Sandtücher in die Landschaft, grüne Glocken bauen Häuser aus weißem Dunst. Die Häuser stellen sich hintereinander in Reih und Glied, um dem Wasser keinen Halt zu bieten, wenn es denn zu kräftig über den Strand kommt. Der sehnsüchtige Traum von einem Leben ohne Hektik und Lärm scheint hier zur Ruhe zu kommen. Ein unendlicher Satz, der keine Interpunktion kennt, der 1000 Tränen des Leids ebenso kennt wie die ewigen Freuden. Es gibt keine andere Fremde, die so Heimat sein kann wie dieser Ort. Trunkene Wolken tummeln sich am Himmel. Abends wenn die Sonne sich schlafen legt, wird selbst mein graues Haar in rote Farbe getunkt, wird ihm eine feuerrote Sichel aufgesetzt.

Die Ostsee-Insulaner rauchen die Friedenspfeife mit ihren Gästen. Viele Inselverrückte, vom Zauber der Insel Infizierte tanzen mit seligem Grinsen im faltigen Gesicht über die Gassen und Wege, von Neuendorf bis nach Grieben und wieder zurück.

Gut hier sein zu können, gut wiederkehren zu dürfen. Ich fang mir das Licht ein und trag es mit mir hinaus.

+ Vitte

Die Inselhauptstadt ist eine geschäftige Qualle im Alltagsgeschehen, ertrinkt sommers von Fußgängern, Radfahrern, Pferdekutschen, Kettcars, von Menschen aus nah und fern. Hier ist alles zu finden. Geschäfte, Restaurants, Bank, Cafes, Post, Kunst, Kultur und vor der Tür die pralle Natur aus Sand und Meer. Das Überleben ist gesichert. Zahlreiche Kulturevents, die das Leben auf der Insel durch Jahrzehnte, ja Jahrhunderte hin zeigen, laden ein und gespannt lauscht man, wie Literaten, Maler, Tänzer, die Insel wahrgenommen haben und lassen den Zauber der Insel auf unterschiedlichste Arten spielen.

"Wir waren jahrelang auf Rügen und als ich dann einmal mit meiner Freundin nach Hiddensee kam, war es vorbei mit Rügen. Wenn du einmal hier warst, bist du dem Zauber erlegen!", meinte eine Urlauberin am Nachbartisch als ich im gemütlichen Cafe Norderende saß und mir Kaffee und wohlschmeckenden Kuchen einverleibte. Dem ist nichts mehr hinzuzufügen.

+ Kloster

Die Zisterzienser gründeten einst ein Kloster an diesem Ort, von dem nichts mehr übrig blieb als der Name. Die Fähre bringt die Gebrauchsgegenstände des Alltags wie auch die Touristen hierher, die im Sommer den Einheimischen Geld und Arbeit bringen.

In der kleinen beschaulichen Inselkirche füllen unterschiedliche kulturelle Veranstaltungen von hoher Qualität die Bänke. Der Inselgeistliche kann frohlocken, denn das Gotteshaus ist wohl nur selten so prall gefüllt.

Ungewöhnlich ist es für meine Begriffe trotzdem, dass moderner Tanz, kritisch-liebevolle Töne kirchenferner Künstler unter diesem Dach sich heimisch fühlen und gern gesehen werden. Ein erfreulicher Zustand, der Anregung und Samen für kirchliche Anstrengungen sein sollte. um den Menschen wieder nahe zu kommen.

Die Sonne zaubert zarte Luftballons auf diesen kleinen Ort. Die Möwen kreisen wie im Schlaf über den salzigen Tränen der Ostsee. Die Ballen Heu liegen verstreut um den Tag, bilden Schutzwälle in der sauren Milch der Nacht.

Mir scheint als herrsche Friede in den geduckten Häusern, doch auch hier ist die Stille nur eine vorübergehende Illusion. Die Sorgen, Nöte und Ängste sind ebenso zu Hause wie in den lauten Metropolen der Welt. Ich weiß nicht, wer welches Lied hier gerade anstimmt, aber bunte Blumen und zerzauste Federn schwingen mit im schwerelosen Singsang des Sommers.

+ Grieben

Wer hier nicht bleiben will, sollte nicht kommen. Ich sitze vor meinem Gartenhäuschen im Förster`schen Anwesen in der Sonne und spanne meine Flügel weit auf. Ich lass mich treiben. Hinter mir reift die Ostsee gerade zum Meer heran, setzt Wellen an im ewigen Getriebe.

Ich rieche den Duft frisch gebackener Brötchen aus dem Inselladen. Das Hotel-Restaurant hier legt wenig Wert auf zufällig vorbeikommende hungrige Wanderer. Im leeren Restaurant

sei kein Platz, der werde für die Hotelgäste vorgehalten. Solch Gastronomie lässt man in Zukunft links liegen.
Doch nebenan im Biergarten huschen eifrige Feen mit Speisekarte, gefüllten Gläsern und üppig gefüllten Tellern hin und her. Ihr osteuropäischer Zungenschlag klingt wie ein Versprechen eines geeinten Europas. Schwalben tauchen aus dem Nichts auf, stürzen im Tiefflug in ihre Nester unterm Hausfirst. Möwen tanzen im Wind, ihr weißes Gefieder blendet die Augen.

Der Kreis schließt sich

Am Freitag, 19.07. stand ich morgens um 5 Uhr auf, räumte mein Gartenhäuschen auf, packte meinen Rucksack und machte mich gegen 6 Uhr auf den Weg nach Kloster zur Fähre, um meine Heimreise anzutreten. Mit der Fähre ging es nach Stralsund, dann mit dem Zug nach Hamburg, von dort aus zurück nach Gunzenhausen. Es war ein schönes Gefühl wieder heimzukehren, dort wo meine Wurzeln sind, wo ich geliebt werde, wo ich liebe, wo Freunde und gute Bekannte Anteil nehmen, an dem was ich tue und denke.
Nun bin ich wieder zu Hause, zurückgekehrt in meine kleine Welt. Ich blicke zurück auf eine ereignisreiche, wunderschöne Zeit, voller Regen und Wind, voll herrlicher Landschaften, voller Sonne und menschlicher Wärme, voll interessanter Orte. Viele Menschen kreuzten meinen Weg, unterstützten mich auf vielfältige Weise: Manche gaben mir freundliche Worte mit auf den Weg, nährten meine Zuversicht, machten Mut, manche gab mir gar Brot und Obdach.

HABT DANKE IHR ALLE! Ihr macht die Erde zu einem bewohnbaren Ort! Ihr habt es mir leicht gemacht, jeden Morgen meinen Weg wieder aufs Neue zu beginnen und voller Zuversicht und Freude weiter zu gehen.

Auch wenn ich meine Wanderung nicht wie geplant zu Ende bringen konnte, wenn der Körper nicht so mitmacht wie man sich das vorstellt und wünscht. Was sind schon Pläne! Kopfgeburten, die von der Wirklichkeit manchmal eingeholt, ja überholt werden. Die Wirklichkeit nötigt uns manchmal dazu, unsere Pläne an sie anzupassen. So ist das Leben und das ist es ja, was den Reiz, die Schönheit des Lebens ausmacht - es ist nicht planbar!

Herrr Schufti läuft weiter

Nun war er schon seit 5 Wochen wieder zu Hause, doch die Zeit der Eingewöhnung war für Herrn Schufti eine lange. Es war ja nicht so, dass er sich nicht wieder in seinem gewohnten Umfeld orientieren konnte, doch immer wieder hatte er das Gefühl, seine Reise sei noch nicht zu Ende, er sei noch unterwegs und müsse sie noch zu Ende bringen.
Es zog ihn an den Brombachsee, nach Enderndorf, dorthin, wo er am Anfang seiner Wanderung die Drud von der Altmühl gesehen hatte. Immer wieder hatte er an sie denken müssen, auch nach seiner Heimkehr. So ging er dorthin. Es war ein warmer Sommertag, er saß im Freien, eine Tasse Kaffee in der Hand und schaute sich um.Und plötzlich - als hätte er es gewusst - sah er sie sitzen, an genau jenem Platze, wo sie Mitte Mai auch gesessen hatte. Sie blickte ihn lange an, ein süffisantes Lächeln spielte um ihre Mundwinkel, die Sonne schien ihr ins Gesicht, das ungewöhnlich jung aussah, ihre schulterlangen, grauen Haare spielten im zarten Sommerwind. Dann streckte sie den Daumen nach oben, nickte ihm anerkennend zu und war im nächsten Augenblick auch schon auf und davon! Diesen ihren Kommentar hatte Herr Schufti wohl noch gebraucht. In den zurückliegenden Wochen war

ihm bewusst geworden, dass sich etwas verändert hatte. Nicht die Welt um ihn herum hatte sich groß verändert. In ihm und mit ihm war etwas geschehen. Immer wenn er an irgendwelchen Gesprächen teilnahm, teilnehmen musste, dabei saß, war er nicht richtig anwesend. Er sah sich in Gedanken durch diese wunderschönen Landschaften stapfen, Wind und Wetter trotzend, mit einer Leichtigkeit dahin schweben, so dass er diese langweiligen oft auch nervtötenden Dinge des Alltags mit einer Gelassenheit hinnehmen konnte, die ihm so gut tat.

Herr Schufti wusste, seine Reise war noch lange nicht zu Ende. Sie hatte gerade erst so richtig begonnen!

Nachsatz

Ich lief los ohne Karte und zeitliche Vorgaben. Ich wollte einfach unterwegs sein, mir meinen Weg suchen und schauen, was da auf mich wartet. Jeden Morgen war ich neugierig und gespannt, was dieser vor mir liegende Tag wohl bringen wird, welchen Menschen ich begegnen, in welche Landschaften und Orte ich eintauchen würde, wo ich abends mein Haupt betten würde. Bereits nach zwei bis drei Tagen war der Alltagskalk aus meinen Venen und Adern, aus meinem Kopf weg gefetzt. Ich wunderte mich wie weit weg und unwichtig dies alles war. Manchmal fing ich beim Laufen plötzlich lauthals zum Lachen an, weil mir irgendwelche Belanglosigkeiten einfielen, die im Alltag so wichtig erschienen auf die Größe eines winzigen Flohs schrumpften. Jeden Morgen aufs Neue begann ich meine Wanderung, dachte keine Sekunde daran, wie weit es wohl noch wäre. So banal das klingt - so einfach ist es: jeden Morgen einfach wieder los laufen.

So weiß ich auch bis heute nicht, wie viel Kilometer ich zurück gelegt habe. Ich hatte nur mein Ziel (Hiddensee) vor Augen und wusste, das liegt im Norden. Das Laufen ist die angenehmste und für mich menschlichste Art der Fortbewegung. Selbst das Wetter ist zweitrangig. Wenn man am Frühstückstisch sitzt, aus dem Fenster blickt und draußen gießt es in Strömen, dann ist man zunächst mal geneigt, das Weiterlaufen auf den nächsten Tag zu verschieben. Doch wenn man draußen ist, regengemäß gekleidet, dann ist das nicht schlimm, der Kopf ist frei, man spürt seinen Körper: es regnet halt. Außerdem genoss ich es auch. Wenn Regentropfen auf die Haut prasseln, vermittelt das einem ein Gefühl mittendrin zu sein. Nicht nur bei Regen fühlte ich mich als ein Teil der Natur. Es war elementar dieses Gefühl „Ich gehöre dazu“ – ich bin Teil der Natur, wie ein Blatt im Wind, wie der Wassertropfen auf meiner Haut, ich schaue das Ganze nicht von draußen an, sondern spüre wie hautnah das ist, wie klein und unwichtig dieser Wicht ist, der da durch die Landschaft stromert. Es ging nicht darum, wie schnell laufe ich, wie viele Kilometer hab ich heute geschafft, wie viele Tage brauche ich noch? Es ging darum: Was ist dieses Surren in der Luft, woher kommt es, welches Tier verursacht dieses oder jenes Geräusch mitten im Wald, mitten auf der Wiese, welche Baumblätter raunen auf ihre ganz eigene Weise jenes Lied im Wind, das so schön ist, dass ich auf der ganzen Wanderung keine Musikkonserven vermisste.

Wer auf seinen Füßen die Welt durchwandert, die Erde berührt, der hat eine völlig andere Wahrnehmung, der tickt ganz anders. Du bist wie von Sinnen, nimmst mit allen Sinnen das Leben wahr, jegliche Veränderung in der Natur, in der Landschaft registrierst du wie ein Seismograph die Erschütterungen der Erdkruste und du veränderst dich selbst damit. Ich fühlte mich nackt und staunend dem Universum gegenüber stehend und genoss es einfach, war zutiefst in all meinen Sinnen berührt.

yes

i want morebooks!

Buy your books fast and straightforward online - at one of world's fastest growing online book stores! Environmentally sound due to Print-on-Demand technologies.

Buy your books online at

www.get-morebooks.com

Kaufen Sie Ihre Bücher schnell und unkompliziert online – auf einer der am schnellsten wachsenden Buchhandelsplattformen weltweit! Dank Print-On-Demand umwelt- und ressourcenschonend produziert.

Bücher schneller online kaufen

www.morebooks.de

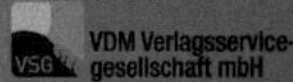

VDM Verlagsservicegesellschaft mbH
Heinrich-Böcking-Str. 6-8
D - 66121 Saarbrücken
Telefon: +49 681 3720 174
Telefax: +49 681 3720 1749
info@vdm-vsg.de
www.vdm-vsg.de

Printed by Books on Demand GmbH, Norderstedt / Germany